l'albero della conoscenza del bene e del male

Traduzione dal francese
titolo originale: L'ARBRE DE LA CONNAISSANCE
DU BIEN ET DU MAL

Omraam Mikhaël Aïvanhov

l'albero della conoscenza del bene e del male

4ta edizione

Collezione Izvor
N° 210
EDIZIONI PROSVETA

DELLO STESSO AUTORE
Tradotti dal francese

Collezione Izvor

201 – Verso una civiltà solare
202 – L'uomo alla conquista del suo destino
203 – L'educazione inizia prima della nascita
204 – Lo yoga della nutrizione
205 – La forza sessuale o il Drago alato
208 – La conquista interiore della pace
209 – Natale et Pasqua nella tradizione iniziatica
210 – L'albero della conoscenza del bene e del male
212 – La luce, spirito vivente
213 – Natura umana e natura divina
214 – La galvanoplastica spirituale e l'avvenire dell'umanità
220 – Lo zodiaco, chiave dell'uomo e dell'universo
221 – Il lavoro alchemico ovvero la ricerca della perfezione
222 – La vita psichica : elementi e strutture
223 – Creazione artistica e creazione spirituale
224 – Potenze del pensiero
225 – Armonia e salute
226 – Il Libro della Magia divina

Prosveta S.A. – B.P. 12 – 83601 Fréjus Cedex (France)

ISBN 88-85879-18-7
ISBN de la 3e édition 2-85566-260-5
édition originale: ISBN 2-85566-211-7

Il lettore comprenderà meglio certi aspetti del testo del Maestro Omraam Mikhaël Aïvanhov presentato in questo volume se vorrà considerare che si tratta di un insegnamento esclusivamente orale.

I

I DUE ALBERI DEL PARADISO

Da millenni gli uomini hanno cercato di capire l'origine del mondo, così come l'apparizione del male (e la sua conseguenza: la sofferenza) in questo mondo. Le hanno spesso presentate sotto forma di miti, ed è per questo che ritroviamo nei Libri sacri di tutte le religioni, racconti simbolici che bisogna saper interpretare. La tradizione cristiana ha ripreso il racconto di Mosè nella Genesi; ma i cristiani l'hanno davvero capito?

Studiamo quello che Mosè ha scritto. Al sesto giorno della Creazione, Dio creò l'uomo e la donna e li mise in un giardino chiamato Eden, in mezzo a tutte le specie di animali e di piante. Tra gli alberi di questo giardino Mosè ne distingue due: l'Albero della Vita e un altro che è diventato poi particolarmente famoso: l'Albero della Conoscenza del Bene e del Male, del quale Dio aveva proibito ad Adamo ed Eva di mangiare i frutti. Finchè obbedirono agli ordini del

Signore, vissero nella felicitá e nell'abbondanza; ma ecco che il serpente venne a persuadere Eva a mangiare il frutto dell'Albero della Conoscenza del Bene e del Male, poi Eva convinse anche Adamo ad assaggiarne, e Dio li cacciò dal Paradiso. Tra poco riprenderemo in modo più particolareggiato alcuni punti di questo racconto.

Molti sono partiti alla ricerca del Paradiso terrestre immaginando che dovesse essere in India, in America, in Africa, ed evidentemente non hanno mai trovato nulla. Il Paradiso era davvero sulla Terra, ma di quale Terra si tratta? Tutto è simbolico, state a vedere. Oh, non vi dirò tutto, è impossibile; questa storia del primo uomo e della prima donna è un argomento troppo vasto, ma comincierò con il parlarvi dei due Alberi: l'Albero della Vita e soprattutto l'Albero della Conoscenza del Bene e del Male.

Adamo ed Eva vivevano dunque nel Paradiso, dove avevano il diritto di mangiare i frutti di tutti gli alberi del giardino, eccetto il frutto dell'Albero della Conoscenza del Bene e del Male. Voi non sapete cos'è questo frutto: è il simbolo delle forze che il primo uomo e la prima donna non sapevano ancora dirigere, trasformare, utilizzare. Per questo Dio aveva detto loro: «Verrà un tempo in cui potrete mangiare questo frutto, ma attualmente siete ancora deboli e se ne mangiate, toccando le potenze che esso contiene, morirete», cioè cambierete stato di coscienza. Questo cambiamento di stato di coscienza è indicato nella Genesi, ma non lo si è sempre saputo interpretare. Quando Adamo ed Eva vivevano felici nel Paradiso, è detto : «L'uomo e la donna erano entrambi nudi e non ne avevano vergogna». E più avanti, dopo che ebbero mangiato il frutto proibito : «Gli occhi dell'uno e dell'altra si aprirono, ed essi si accorsero di essere nudi. Cucirono delle foglie di fico per farsi dei perizomi». Quest'improvvisa coscienza della propria nudità, prova che qualcosa era cambiato in loro.

L'Albero della Vita rappresentava l'unità della vita, laddove la polarizzazione non si manifesta ancora, cioè dove non esiste nè bene nè male : una regione al di sopra del bene e del male. L'altro Albero rappresentava invece il mondo della polarizzazione, dove l'uomo è costretto a conoscere l'alternanza dei giorni e delle notti, della gioia e del dolore, ecc... Questi due alberi sono dunque regioni dell'universo, oppure stati di coscienza, e non semplici vegetali ; e se Dio ha detto a Adamo ed Eva di non assaggiare il frutto dell'Albero della Conoscenza del Bene e del Male, significa che non dovevano ancora penetrare nella regione della polarizzazione. Perchè ? Credete che questo divieto fosse un capriccio da parte del Signore? No, «Allora – direte – quell'albero era inutile?» Nemmeno, perchè Dio non ha mai creato cose inutili. L'idea di un albero di cui nessuno mangi i frutti e nessuno tragga beneficio, è contraria alla saggezza divina, che non crea nulla senza utilità.

Alcuni esseri mangiavano i frutti dell'Albero della Conoscenza del Bene e del Male, ma erano capaci di sopportarli. Adamo ed Eva invece non potevano ancora sopportarli perchè quei frutti contenevano della forze astringenti: la materia sottile del loro corpo doveva coagularsi, condensarsi al loro contatto, ed è quello che è accaduto. Per questo la tradizione parla di una «caduta»; questo termine «caduta» simboleggia il passaggio da una materia sottile a una materia opaca. Dopo aver mangiato il frutto proibito, Adamo ed Eva sono diventati lenti e pesanti, e questo è espresso dalle parole: «videro che erano nudi.» Nudi lo erano già prima, ma si vedevano vestiti di luce, mentre dopo il loro errore si sono sentiti improvvisamente privi di questa veste di luce, hanno provato vergogna e si sono nascosti.

Dopo aver mangiato il frutto dell'Albero della Conoscenza del Bene e del Male, Adamo ed Eva hanno continuato a vivere, ma sono morti a uno stato di coscienza superiore: sono stati cacciati dal Paradiso terrestre (che simboleggia questo stato di coscienza) e da allora in poi un angelo armato di spada ne custodisce l'entrata. Poichè Adamo ed Eva sono stati cacciati dal Paradiso «terrestre» significa che erano già sulla terra; ma allora, come capire il fatto che lasciando il Paradiso furono mandati «sulla terra»? Di che terra si tratta? La Kabala insegna che la terra esiste sotto sette forme, e ne dà i nomi, le caratteristiche, dalla più densa fino alla più sottile: e la più sottile è proprio quella da cui gli uomini sono stati cacciati. Cosa si conosce della terra? Non molto.

Secondo la Scienza iniziatica, la terra possiede un doppio eterico, il quale l'avvolge come un'atmosfera luminosa. È questa terra eterica, sottile, la vera terra della quale la Genesi parla, la terra così come è uscita dalle mani di Dio. La vera terra non è questa che noi tocchiamo qui, solidificata, condensata; la vera terra è la terra eterica. È in questa regione chiamata Paradiso, che Dio aveva situato i primi uomini; vivevano là, con il loro corpo radioso, luminoso, di cui vi ho appena parlato e non conoscevano nè la sofferenza, nè la malattia, nè la morte.

E sapete che questo Paradiso esiste tuttora e non ha mai cessato d'esistere? Anche se non lo vediamo esso è dappertutto, ma nel campo sottile della materia, perchè è materiale; sì, il piano eterico è materiale. Ed anche l'Albero della Vita eterna esiste, si trova ancora in questo Paradiso;

quest'albero presenta degli elementi che i primi uomini assorbivano e con i quali si nutrivano. Vivevano in questa sostanza eterica della terra, se ne nutrivano ed essa manteneva la luce e la purezza della loro vita. l'Albero della Vita, ve l'ho detto, non era un albero ma una corrente, una corrente che viene dal sole, e gli uomini si nutrivano con i raggi del sole che circolano attraverso questa regione. L'Albero della Vita è il sole! Siccome l'essere umano ha conservato la stessa struttura che aveva nei tempi lontani della sua creazione, possiede ancora in sè stesso la possibilità di ricevere nuovamente i raggi del sole, di mangiare ancora i frutti dell'Albero della Vita, cioè di ritornare nel seno di Dio. Ogni religione ha il proprio linguaggio, il proprio particolare modo di esprimersi, ma tutte parlano di questa reintegrazione in Dio, di questo ritorno verso la Causa prima. Impiegano espressioni diverse, ma parlano tutte della stessa realtà.

Ed ora, cos'è l'Albero della Conoscenza del Bene e del Male? Rappresenta un'altra corrente che passava anch'essa attraverso il Paradiso ed é proprio questa che ha messo gli uomini in contatto con la forma più densa della terra. Dio aveva detto ai primi uomini: «Accontentatevi di esplorare la regione dell'Albero della Vita; non è ancora venuto per voi il momento di lasciare questa regione di luce, per scendere a studiare le radici della creazione. Per il momento lasciate da parte quest'argomento, non cercate di conoscere tutto subito.» Dal momento che anche questo secondo albero esisteva, non era possibile tagliarlo, esattamente come non è possibile togliere ad un uomo gli intestini, il fegato, la milza ecc.; l'uomo infatti, come l'universo, è fatto di due regioni: una regione superiore che corrisponde all'Albero della Vita, e una regione inferiore che corrisponde all'Albero della Conoscenza del Bene e del Male, dove sono le radici delle cose.

I frutti dell'Albero della Conoscenza del Bene e del Male possedevano delle proprietà astringenti così potenti, che i primi uomini non potevano resistervi. Rappresentavano la corrente *«coagula»* e il Signore sapeva che appena Adamo ed Eva ne fossero entrati in contatto, questa avrebbe cambiato la qualità del loro stato di coscienza. Ed è quello che è accaduto: al contatto di questa corrente astringente, la materia del loro corpo si è modificata, ha cominciato a diventare densa, spessa, opaca, spenta. Proibendo ai primi uomini di mangiare quei frutti, cioè di studiare quella corrente, di sperimentare quelle forze della natura, Dio voleva preservarli dalla sofferenza, dalla malattia e dalla morte (evidentemente la morte del corpo fisico, non la morte dello spirito, perchè erano stati creati immortali). Essi sono morti al loro stato luminoso e sono diventati vivi per un altro aspetto, tenebroso e pesante. Hanno dunque dovuto lasciare questo regno, questo Paradiso dove vivevano nella leggerezza, nella luce, nella gioia e scendere negli strati inferiori della terra dove oggi viviamo; infatti, se ora siamo su questa terra è perchè abbiamo lasciato la terra che fu la nostra prima patria...

Ed ora, chi era quel serpente che tentò Eva, quel serpente così intelligente che sapeva parlare e dire cose tanto persuasive? Il serpente è un simbolo estremamente vasto e profondo che ritroviamo in tutte le religioni. Tutti gli Iniziati di ogni epoca si sono occupati del serpente, anche se hanno preferito non parlarne apertamente. Questo simbolo del serpente rappresenta delle realtà apparentemente molto diverse: la forza Kundalini, il Male, il Diavolo, o anche l'agente magico che trasmette ogni cosa dal cielo verso la terra e dalla terra verso il cielo... Gli Iniziati non pensano che il serpente sia esclusivamente il simbolo del Male: distinguono in lui una parte inferiore opaca, scura, e una parte superiore luminosa. Per loro il serpente è l'agente magico che trasmette sia il bene che il male, è «la luce astrale», come la chiama Eliphas Lévi, che quando è impregnata di elementi impuri provoca al suo passaggio effetti nocivi, ma quando è impregnata di pensieri luminosi dei santi e dei profeti, li trasmette fino al Trono di Dio. Il serpente dunque è luminoso nella sua metà superiore e tenebroso nella metà inferiore. Nello Zohar, «il Libro dello Splendore», si trova un'immagine che rappresenta una testa bianca, luminosa, che si riflette nell'abisso, nel lago della materia opaca, sotto l'apparenza di una testa nera, una testa spaventosa. È l'ombra di Dio... ma preferisco tenere queste cose per più tardi, quando sarete meglio preparati a capirle. Il serpente, o il drago, è dunque un simbolo di questo agente magico che impregna l'universo intero fino alle stelle, e che trasporta tanto le buone emanazioni quanto le cattive.

Se conoscete il gioco dei Tarocchi, avrete visto che la quindicesima carta è la carta del Diavolo. Stanislas de Guaita ha compreso la profondità di quest'arcano, e commenta anche un'immagine che in alto rappresenta il viso raggiante, luminoso di un vittorioso ed onnipotente Iniziato, e in basso, come se fosse il suo riflesso capovolto, il viso di un essere decaduto, spaventoso, contorto e pieno di rabbia: l'immagine del Diavolo. I due formano insieme una sola ed unica realtà che possiamo anche rappresentare con due triangoli, non intrecciati come nel sigillo di Salomone ✡, ma in posizione simmetrica in rapporto alla base ⟠. Questa figura significa che il Diavolo e l'agente magico luminoso rappresentano la stessa realtà ma in regioni diverse. Troviamo la stessa cosa nell'uomo : la sua parte inferiore è sporca, ripugnante, la metà superiore è bella, celeste, divina. Dunque tutto dipende con quali forze egli lavora, in quale regione si trova la sua coscienza e quali elementi tocca e manipola.

Il serpente della Genesi rappresenta quindi una corrente che sale dalla terra e raggiunge regioni molto elevate ; nelle regioni alte è puro e luminoso ma nelle regioni basse è opaco e ripugnante. In ogni caso si trovava nel giardino del Paradiso perchè era anche il suo mondo ; ed Eva passeggiava da quelle parti... Essendo molto curiosa, voleva sapere cos'era quest'Albero della Conoscenza del Bene e del Male ; lo esaminava a distanza per farsene un po' un'idea, e si rodeva dalla curiosità. Si avvicinava sempre di più all'albero e man mano che lo contemplava, senza osare ancora toccarlo, diventava più sensibile alla voce del serpente, cioè alla corrente terrestre che le parlava in modo molto intelligente : «Ah, vedi, tu non conosci tutto ; devi ancora venire da noi per istruirti, perchè possediamo una grande scienza.»

D'altra parte questo serpente non era un essere unico, ma un insieme di creature che Dio aveva create molto prima degli uomini: una generazione di angeli, arcangeli, divinità, incaricati dal Creatore di lavorare nelle profondità della terra sui metalli, i cristalli, il fuoco ecc... di preparare tutte le ricchezze sotterranee e poi di ritornare da Lui, una volta compiuta la loro missione. Sì, è la tradizione che lo dice, non io; io ogni tanto aggiungo qualche piccolo ornamento, qualche conversazione per rendere più vivo il racconto, ma non invento nulla. La tradizione dunque afferma che Dio aveva creato degli esseri luminosi, tutta una gerarchia di angeli e di arcangeli che dopo aver adempiuto la loro missione dovevano ritornare nel seno dell'Eterno. Ma dato che erano liberi, alcuni, influenzati da quella vita delle basse regioni, non vollero più tornare e questa fu la ribellione degli angeli. Non si sono ribellati lassù nel cielo, si sono ribellati quando erano lontano da Dio.

Il Creatore però non ha voluto punirli con la morte o la disgregazione, e ha detto loro: «Restate laggiù, imparerete molte cose, e il giorno in cui ne avrete abbastanza di vivere nella oscurità e la limitazione, tornate, io vi riceverò.» Sì, ha dato la possibilità di ritornare a Lui anche alle creature più decadute; vedete, questo è l'amore di Dio. Se Dio è amore, come potrebbe rifiutare per sempre di accogliere i colpevoli che desiderano tornare verso di Lui ? No, non è possibile, sarebbe crudele. Poichè Egli è l'amore assoluto, anche i demoni potranno tornare verso di Lui ; e non bisogna credere che siano felici in quella situazione, anzi soffrono, ma è l'orgoglio che impedisce loro di ritornare verso Dio. Tuttavia la porta resta loro aperta, e quando si pentiranno e smetteranno di nuocere agli uomini, ritroveranno il posto che hanno perduto, e Lucifero ridiverrà l'Arcangelo della luce. Una tradizione riporta che nel momento in cui Lucifero fu precipitato nell'abisso con gli angeli ribelli, dalla sua corona è caduta una pietra, un enorme smeraldo, ed è in questo smeraldo che è stato tagliato il Santo Graal, la coppa in cui fu raccolto il sangue del Cristo. Quali sono le relazioni tra Lucifero e il Cristo? Cos'hanno a che fare insieme?...

Ma torniamo al serpente. Vi ho detto che è il simbolo di tutti quegli spiriti che si sono separati da Dio. Erano esseri molto evoluti, che possedevano una scienza e delle conoscenze fantastiche ; d'altra parte è grazie a questa scienza ed a queste conoscenze che sono riusciti e sedurre Eva, promettendole d'iniziarla ai loro arcani. La Genesi presenta questo fatto dicendo che Eva mangiò la mela... Mangiare una mela, cosa c'è di tanto criminale? Tutti mangiano mele! È il lato simbolico che è interessante: bisogna capire che dietro a questa mela c'era tutto un insegnamento, fino a quel momento sconosciuto a Adamo ed Eva. Il serpente disse ad Eva: «Dio vi proibisce di mangiare il frutto di quest'albero, perchè sa che se ne mangiate diventerete potenti come Lui ed Egli non lo vuole. Vi ha detto che morirete, ma non è vero: vivrete e conoscerete regioni che fino ad ora vi sono rimaste sconosciute.» Allora Eva si lasciò tentare, e secondo la Kabala concepì per la prima volta e si trovò incinta: era la prima iniziazione. Stupita, Eva andò subito da Adamo a spiegargli la sua nuova esperienza. Prima nessuno dei due conosceva questo campo.

Ma ora dovete capire che esistono diverse possibilità d'interpretare il racconto biblico, perchè il giardino dell'Eden con i due Alberi della Vita e della Conoscenza del Bene e del Male, è il simbolo di una realtà che esiste non solo nell'universo ma anche nell'essere umano. Sotto una forma o un'altra, nel loro corpo fisico (simbolicamente il giardino dell'Eden) l'uomo e la donna continuano ad assaporare il frutto dell'Albero della Vita o il frutto dell'Albero della Conoscenza del Bene e del Male. Adamo ed Eva possedevano entrambi questo Albero della Conoscenza del Bene e del Male ma non mangiavano i suoi frutti, non ne conoscevano le proprietà. La prima iniziazione di Adamo ed Eva consiste dunque nel prendere contatto con queste forze della natura che essi non conoscevano. Siccome in questa egregore chiamata «il serpente» c'erano delle entità femminili, Adamo fu iniziato da un demone conosciuto nella tradizione con il nome di Lilith (mentre il demone che aveva iniziato Eva si chiamava Samaël) e a sua volta mangiò il frutto. Da quel momento quindi Eva andò da una parte e Adamo dall'altra: l'unità della loro coppia era rotta.

Fu allora che la forza astringente cominciò il suo lavoro di condensazione ed essi, che fino a quel momento non si vergognavano di vedersi nudi perchè il loro corpo era fatto di luce, quando si videro così densi, lenti e pesanti, ebbero vergogna della propria nudità; perciò, dice la Bibbia, «si nascosero nel giardino.» Ma come nascondersi? Non si può sfuggire allo sguardo di Dio; ma non dovete credere che Dio si sia infuriato avendo visto che avevano mangiato quel frutto. Ditemi, come avrebbe potuto infuriarsi? Direte che sarebbe stato normale che fosse furibondo, perchè Adamo ed Eva gli avevano disobbedito. Ma che ne sapete se questa disobbedienza non entrava nei piani del Signore? La storia del peccato originale è la storia della discesa dell'uomo nella materia; si pone quindi il problema di sapere se l'hanno decisa soltanto gli uomini, o se il Signore aveva dei progetti incomprensibili, lontani, formidabili, nei quali gli uomini, nonostante tutto, potevano mantenere una certa libertà di scelta: restare nel Paradiso o andarsene ad esplorare altre regioni del Creato...

Quella che alcune religioni chiamano «la caduta» non è altro che la scelta fatta dai primi uomini di scendere a esplorare la materia. È possibile spiegare anche quest'idea con l'immagine dell'albero: possiamo dire che i primi uomini che vivevano in Paradiso, si trovavano sulla sommità dell'albero. Ora, la sommità sono i fiori, quindi gli uomini vivevano nei fiori, e lì erano in contatto con la luce, con il calore, con la vita, la bellezza, la libertà... Ma ecco che si ponevano delle domande, si dicevano: «Ma cos'è quest'albero? Da dove viene quest'energia, questa linfa? Vediamo un tronco, ma più in basso c'è anche una parte nascosta. Cos'è? Vorremmo conoscerla.» E siccome per conoscere le cose bisogna andare sul posto ad esplorarle, essi hanno lasciato le loro magnifiche dimore che toccavano il cielo e sono discesi attraverso il tronco fino a raggiungere le radici. Ma quando si cambia posto, si devono subire nuove condizioni, ed ora che sono nelle radici soffrono, gridano, perchè c'è un'atmosfera buia, pesante, e si sentono schiacciati. Però è almeno consolante che tutta la vita vissuta dall'uomo nel Paradiso sia registrata dentro di lui come un'impronta incancellabile; è lì, presente, ed ogni tanto l'uomo ritrova un'eco di quell'armonia, di quello splendore, assapora di nuovo nella bellezza, nella musica e nella poesia, gli attimi vissuti in Paradiso. Il Paradiso è dentro ogni anima umana, perchè ognuna in origine era nel Paradiso; ma ora la vita che gli uomini conducono è così prosaica, opaca, limitata, che non hanno più le condizioni per averne dei ricordi. A volte quando si immergono in una lettura mistica, quando incontrano certe creature, contemplano certi paesaggi o ascoltano una bella musica, qualcosa si risveglia in loro e vivono di nuovo qualche attimo del Paradiso. Purtroppo alcuni minuti dopo tutto si cancella, dimenticano quello che hanno vissuto o pensano addirittura che fosse un'illusione sulla quale non bisogna soffermarsi. Peccato ragionare così, perchè questi stati celesti corrispondono a una realtà, anzi sono la cosa più reale che esista, ed è auspicabile vivere il più spesso possibile momenti simili in attesa di tornare definitivamente in Paradiso, nel seno di Dio.

Infatti questo ritorno avverrà un giorno: Dio è sempre pronto a riceverci e prenderci tra le braccia. Non è furibondo contro gli uomini, no, li aspetta per il giorno in cui vorranno ritornare;

e siccome ha dato loro l'eternità, è aperto, comprensivo e dice: «Soffriranno per un po' – qualche milione di anni! – poi torneranno e saranno talmente felici che dimenticheranno tutto. Il loro spirito è immortale; non è grave, non è male che soffrano un po'. Cosa sono mai qualche milione di anni di fronte all'eternità?» Vedete, questo è il ragionamento del Signore! Il Suo ragionamento non è il nostro, ha meno fretta Lui...

In attesa di ritornare nel seno di Dio, gli uomini imparano molte cose; eh sì, perchè adesso che hanno cominciato quest'esplorazione della materia densa, devono continuarla fino in fondo. Finchè vivevano nel mondo divino potevano restarci eternamente, ma una volta scesi, sono costretti a percorrere tutte le tappe. Immaginate di essere in cima ad una montagna: se siete ragionevoli, se state attenti a non scivolare, non cadete e potete restare lassù finchè volete. Ma appena cominciate a lasciarvi scivolare, siete costretti a fare un determinato percorso attraverso le rocce, le spine, con il rischio di cadere nei precipizi. Una volta che avete messo in moto una legge, un meccanismo, niente dipende piu da voi, non avete più il potere di fare quel che volete ma siete costretti a passare attraverso peripezie d'ogni genere.

Non dovete immaginarvi che la storia

dell'umanità abbia potuto svolgersi senza il consenso del Signore, e che la disobbedienza e le peripezie del suo destino non fossero previste in anticipo. L'uomo si è allontanato da Dio, ma Dio non era assolutamente contrario altrimenti, è molto semplice, l'uomo non avrebbe mai potuto allontanarsi. Tutto ciò che l'uomo fa, in qualche modo avviene con il consenso di Dio ; ed ora l'uomo ritornerà verso di Lui. Dopo l'involuzione ci sarà l'evoluzione o, come viene chiamata nella Scienza Iniziatica, la reintegrazione, il ritorno al seno dell'Eterno. E perchè vediate che quest'idea non è contraria alla filosofia di Gesù, vi dirò che è contenuta nella parabola del figliol prodigo. Conoscete quella parabola? «Un ragazzo aveva lasciato la casa paterna per andare in un paese lontano, dove dilapidò tutto il denaro ; non aveva più nemmeno di che nutrirsi. Un giorno, per poter sopravvivere, fu costretto a fare il guardiano di porci, ma non gli venivano date nemmeno un po' di ghiande con le quali usavano sfamare i porci, e il ragazzo aveva fame. Allora si ricordò della casa paterna dove c'era cibo in abbondanza, e decise di ritornarvi.» In questo racconto Gesù ha riassunto la storia dell'umanità. Sapete in seguito come il padre ricevette il figlio : avendolo scorto fin da lontano, corse ad abbracciarlo e poi diede ordine di uccidere il vitello più grasso per fare un banchetto in onore del suo ritorno. È esattamente quello che vi racconto.

Il Signore aspetta il ritorno dell'uomo che ha voluto andare in giro per il mondo; era curioso, aveva voglia di fare qualche esplorazione, perchè impedirglielo? Il Signore sapeva in anticipo che l'uomo sarebbe stato infelice, che avrebbe patito la fame e la sete, che avrebbe sofferto perchè nessuno l'avrebbe amato quanto Lui, ma che in seguito sarebbe tornato e tutto si sarebbe aggiustato. Ci si immagina sempre che il Signore sia infuriato per l'errore dell'uomo... ma niente affatto! Il Signore l'ha lasciato fare. Aveva i suoi progetti, e si è detto: «Prima o poi i miei figli torneranno.» E come il padre del figliol prodigo prepara loro un banchetto per festeggiarli.

II

IL BENE E IL MALE,
DUE FORZE CHE FANNO GIRARE
LA RUOTA DELLA VITA

Tra i problemi che gli uomini si pongono, se ce n'è uno che li preoccupa in modo particolare e al quale molto difficilmente arrivano a dare una risposta soddisfacente, è proprio il motivo dell'esistenza del male: perchè esiste il male?... La risposta in realtà è molto semplice.

Vi darò un'immagine. Spesso, in passato, quando si voleva far salire l'acqua da un pozzo, si impiegava una grande ruota alla quale erano attaccati buoi, cavalli o anche uomini. Chi li osservava vedeva gli uni arrivare di fronte e gli altri ripartire di schiena, e poteva concludere che si spostavano in due direzioni opposte; ma se fosse stato capace di guardare la scena dall'alto, avrebbe chiaramente visto come gli uni e gli altri andassero nella stessa direzione e partecipassero ad un solo ed unico lavoro.

Questo esempio ci fa capire che il bene e il male, che si presentano come manifestazioni contrarie, sono in realtà due forze consacrate allo stesso lavoro, ma diciamo che sono due forze che si affrontano perchè non le osserviamo dall'alto, cioè dal punto di vista spirituale, iniziatico. Tutti coloro che guardano i fatti, gli avvenimenti dal basso, cioè dal livello in cui avvengono, si sbagliano. Avrebbero una visione corretta se cercassero d'innalzarsi per osservarli dal punto di vista della saggezza, dal punto di vista dello spirito : vedrebbero un cerchio, una ruota... e capirebbero che il bene e il male sono due forze aggiogate insieme per far girare la ruota della vita.

Se si vuole annientare il male, anche il bene sarà annientato. Certo questo non vuol dire che dobbiamo nutrire e rafforzare il male, no, è già abbastanza forte senza che lo aiutiamo, ma non bisogna nemmeno cercare di sbarazzarsene – e d'altra parte non ci riusciamo. Quello che è necessario, è utilizzarlo e trovare quale atteggiamento adottare nei suoi confronti. Sì, viene ora il momento di dare all'umanità una nuova filosofia.

Se foste nel sole forse non conoscereste l'oscurità, ma siete usciti dal sole, siete venuti sulla terra, e siccome la terra gira attorno al sole, ci sono alternativamente la luce e le tenebre. Dato che siete al di fuori del sole, dovete accettare quest'alternanza : il giorno e la notte, la luce ed il buio, il bene ed il male, e non solo accettarla ma saperla utilizzare. Se l'oscurità fosse il male, com'è che proprio nell'oscurità – quella della terra o del subcosciente – cominciano a nascere le realizzazioni della più grande importanza? In realtà il buio è la condizione delle nascite o delle rinascite future. Perchè il bambino e il seme cominciano la loro crescita nella oscurità?... E voi, come utilizzate la notte? Meravigliosamente, vero? dormite, e l'indomani quando vi svegliate avete recuperato tutte le forze per rimettervi al lavoro.

Direte: «Va bene, ma qual'è l'origine del male?» Esiste un Principio eterno che è la sorgente di ogni creazione, e quando questo Principio eterno ha incaricato gli Elohim di formare... non andiamo troppo lontano, non diciamo il cosmo ma solo la nostra terra, siccome lavoravano con i due principi maschile e femminile, positivo e negativo (perchè questi due poli sono necessari alla manifestazione), era inevitabile che ci fossero qua e là dei rifiuti, degli elementi che non erano ancora nè organizzati nè utilizzati e che turbavano l'armonia dell'insieme. Questi materiali, queste energie che non rappresentano un male per il Creatore o per gli Arcangeli, sono nocivi per gli uomini che non sanno come utilizzarli.

Vi darò ancora un'immagine. Avete una

casa: ebbene, in questa casa è previsto un posto per la pattumiera o per un condotto d'immondizie, ed anche per i gabinetti. Infatti, qualunque cosa facciate, anche se siete l'essere più colto e più ragionevole, avrete sempre qualche rifiuto da mettere nella pattumiera: carta, scatole, bottiglie vuote, bucce, resti di cibo; e anche nel vostro organismo ci sono dei rifiuti dei quali dovete sbarazzarvi. Anche la cosa migliore sulla terra ha almeno un piccolo aspetto negativo... il rovescio della medaglia, come si dice: tutti l'hanno notato. Allora com'è che gli uomini non hanno capito il linguaggio di tutti questi piccoli particolari della vita quotidiana, che continuamente si presentano davanti ai loro occhi? Quando è stata creata la terra, è stato necessario ammucchiare da qualche parte i materiali inutilizzati, i vetri ed i mattoni rotti, le assi ed i chiodi inutilizzati – simbolicamente parlando – Perciò anche la terra ha la sua pattumiera: è un cono d'ombra che si trova dietro di lei, la sua ombra. Gli astronomi lo sanno?

L'origine del male è là, nei residui dei materiali impiegati per la costruzione della terra; e siccome questi rifiuti attirano animaletti d'ogni genere, formiche, mosche, vermi, ecc. sono queste le creature che dovete necessariamente incontrare quando andate a visitare quella zona immaginando di trovarvi le gioie ed i piaceri.

Quella regione chiamata l'Inferno, il mondo delle tenebre, è dunque predestinata ad ospitare le pattumiere: è là che vengono raccolte ed ammucchiate tutte le impurità.

Ora, perchè ci sono delle creature che vanno a cercare proprio là la felicità? Perchè, come esistono persone talmente al verde da dover andare a cercare nelle pattumiere qualche avanzo di cibo o delle scarpe vecchie, così nel mondo psichico esistono dei poveracci che non hanno la possibilità di andare a mangiare nei ristoranti lassù, vicino agli Angeli, agli Arcangeli, al Signore. Non hanno il denaro necessario (questo denaro sono qualità e virtù) per comprarsi quel nutrimento puro e luminoso che viene dal sole, e sono quindi costretti ad andare a mangiare nei ristoranti infernali, dove ci sono tutte le immondizie e le creature decadute.

In questa regione del male, questa regione delle forze inorganizzate, si possono comunque trovare molte cose, e se sapeste come comportarvi per fare come la terra che trasforma tutti i rifiuti, trarreste da questa regione forze ed elementi capaci di nutrire addirittura gli Angeli... Ma certo: l'uomo è pure arrivato a trovare dei procedimenti chimici per risanare le acque inquinate! La natura ha tutti i mezzi per trasformare i rifiuti, ed anche l'uomo possiede in sè stesso questi mezzi: deve trovarli ed imparare ad utilizzarli. Per far questo però, deve prima capire cos'è il bene, perchè solo quando si è capito cos'è il bene si è in grado di far fronte al male.

Il bene è un principio eterno, creatore, onnipotente, è Dio stesso... benchè in realtà Dio sia al di sopra del bene. Nella Kabala il bene e il male sono presentati come due manifestazioni di una potenza a loro superiore; ma per facilitare la comprensione possiamo presentare Dio come Principio del bene, anche se Dio in realtà è al di là del bene.

Il bene è una manifestazione di Dio e il male è uno scarto del bene, qualcosa che non ha potuto trovare il suo posto nell'armonia cosmica. Il male dunque non può mai essere paragonato al bene, non ha come lui l'eternità, la potenza, la ricchezza: perciò si sbagliano quelli che pensano che il bene ed il male siano due entità di uguale potenza, che si stanno combattendo senza che l'una possa riportare definitivamente la vittoria sull'altra. Il male, ve l'ho detto, è un residuo del bene; possiamo paragonarlo alla materia che resta una volta estratta la quintessenza dai petali di rose o di altri fiori, una materia che, non avendo potuto essere raffinata, non è in grado di riflettere la Divinità. Il male è ciò che resta quando tutto il bene è stato «estratto». Dunque dove c'è il bene fatalmente c'è anche del male, perchè il male è quello che rimane del bene; non può esistere da solo, non ha un'esistenza indipendente ma dipende dal bene, è nato dal bene: è il bene che l'ha creato. Finchè gli uomini danno al male un'esistenza propria, indipendente da quella del bene, non arriveranno mai a trasformarlo ed il male continuerà ad assillarli perchè sono loro, con la loro ignoranza, che gli danno quella potenza e quell'indipendenza.

È la luce che fa nascere l'oscurità. Dove c'è luce è fatale che ci sia un'ombra; la sola presenza di un oggetto proietta un'ombra. Ci sono forse ombre quando non c'è luce? No. Direte: «Ma può darsi che l'oscurità regni proprio perchè non c'è alcuna luce.» No, anche se in un luogo l'oscurità è totale, è perchè un oggetto fa da ostacolo alla luce; per questo c'è sempre una metà della terra immersa nell'oscurità. Senza la luce le tenebre non potrebbero esistere, e non ci sarebbe il male se non ci fosse il bene.

Le manifestazioni del male sono dunque necessarie, ma non sono nè eterne nè assolute: dipendono dalle forze del bene. Ora, per poter risolvere il problema bisogna andare più in là del bene, e per andare più in là del bene bisogna avere innanzitutto un'idea giusta di che cos'è. Il bene è una manifestazione armoniosa nella quale entrano l'amore, la forza, l'intelligenza, la bellezza, la dolcezza ecc... Ma, come vi ho detto, il bene non è ancora Dio stesso; è una manifestazione di Dio, ma non è Dio. Dio è al di sopra del bene e del male, non possiamo sapere quello che è.

Però, dato che il bene è una manifestazione di Dio, pensando al bene ci leghiamo al Creatore dell'universo, al Principio eterno: la nostra coscienza si sposta, esce dalla regione delle tenebre dove sono le sofferenze, le angoscie, i terrori, per andare a raggiungere il Centro, il Principio creatore di ogni cosa. Poichè è proprio Lui il Creatore, conosce il ruolo di tutti gli elementi, di tutte le forze, di tutte le creature, e saprà come rimediare. Noi no, non possiamo saperlo, ma Lui ha tutte le possibilità e quindi è a Lui, che è superiore anche al bene e al male, che dobbiamo ricorrere per chiedere aiuto. In quel momento siamo capaci di mettere in moto potenze straordinariamente sottili, che lavoreranno in tutto l'universo.

Questo è il lavoro più degno e più glorioso per il discepolo; e non si preoccupi se questo lavoro non dà immediatamente risultati tangibili! La maggior parte della gente lavora solo a realizzazioni materiali, nel piano fisico, perciò prova tante delusioni: perchè queste realizzazioni non durano. È quando vi decidete a lavorare con l'Essere più inaccessibile, Dio stesso, che avete le vere realizzazioni, realizzazioni interiori, nella coscienza, e queste realizzazioni sono immediate. Quello che è più lontano è in realtà più vicino, e quello che ci immaginiamo vicino è in realtà più lontano: desiderando viverlo non lo vivremo, desiderando ottenerlo non lo otterremo. È solo quando lavorerete sulle realtà più lontane che le vivrete istantaneamente.

Certo, se volete avere delle realizzazioni immediate, prefiggetevi la mèta più lontana. Fin da oggi ditevi: «Adesso ho capito dov'è la verità, dov'è la potenza, dov'è la vera vita: è in quel centro unico al di sopra del bene e del male;» e pensate a Lui, vi fondete con Lui senza sosta, non credete che in Lui, lavorate solo con Lui... A questo punto il centro andrà a toccare il bene, che comincierà a manifestarsi in voi come un miglioramento della vostra vita interiore, prima di manifestarsi un giorno anche esteriormente.

Certo, è vero, è più facile fare il male che il bene, ma perchè?... Non perchè il bene è debole e il male potente, no, no, no. È perchè qui sulla terra, le condizioni che l'umanità un po'alla volta ha creato sono molto più propizie e favorevoli al male. Volete fare il male? Tutti sono d'accordo, pronti a darvi una mano; ma quando si tratta di fare del bene la faccenda è diversa, è come se il bene fosse paralizzato, cloroformizzato, impotente. Sì, perchè nelle regioni inferiori è sempre così, e gli uomini vivono troppo nelle regioni inferiori. Ma quando si arriva ad uscire da quelle regioni, è tutto il contrario: il male è soffocato, ostacolato, incatenato. Quando si vive nelle regioni superiori è impossibile fare del male, e se si desidera fare del bene, tutto avviene da solo. Posso darvi un esempio: supponete che sia inverno, tutto è umido, coperto di neve; se volete incendiare il bosco non c'è niente da fare, il fuoco non prende. D'estate però, quando fa caldo, un pezzetto di vetro che concentra i raggi del sole è sufficiente ad infiammare tutto; è come se tutto il bosco fosse d'accordo a prender fuoco, perchè le condizioni sono favorevoli. Oppure cercate di sparare col cannone quando la polvere è umida: non funziona... E così via. Capite ora che se sulla terra il male è molto più potente del bene, è perchè gli uomini gli hanno dato le condizioni migliori. Ma un giorno tutto cambierà, sarà il contrario: il male non potrà più manifestarsi perchè non troverà più le condizioni favorevoli.

Per dirigere, dominare o trasformare il male, non basta essere un servitore del bene, perchè il bene come vi ho detto, è limitato. Poichè il bene non è riuscito a vincere il male, significa che non è ancora Dio stesso, ne è solo la metà, e il male è l'altra metà; il bene ed il male sono fratello e sorella, se volete, ma non sono il padre. Ora è verso il padre che bisogna andare, perchè è lui che comanda al figlio e alla figlia, o ai due fratelli. Andare verso il Padre è diventare servitori di Dio e non solamente servitori del bene; bisogna dunque salire ancora più in alto per servire Dio che dirige il bene e il male: è lì il vero rifugio. Evidentemente lassù non c'è il male, e nella misura in cui il bene significa perfezione, si può dire che essere servitore del bene significa essere servitore di Dio; ma il bene così come viene capito intellettualmente, cioè opposto al male, non è ancora Dio: ne è solo la metà.

Posso darvi ancora altri esempi che vi faranno capire la veridicità di quello che vi dico. Prendiamo la circolazione del sangue. Se esistesse solo la circolazione arteriosa la vita non sarebbe possibile, perchè bisogna che tutti i rifiuti se ne vadano, ed è allora che interviene l'altra metà, la circolazione venosa: porta il sangue nei polmoni dove si purifica, e quando è puro entra nel cuore da dove riparte nelle arterie. È dunque dal cuore che esce il sangue puro, il bene; sì, ma quel bene dopo un po' si carica di nuove impurità, e così via... Ritroviamo lo stesso fenomeno nella circolazione delle auto sulle strade: a destra, a sinistra... Se ci fosse un'unica direzione, un senso unico, cosa farebbero le auto che devono ritornare?

Il male non si trova dunque nel fatto che esistono delle forze opposte, perchè fanno un lavoro; ma se invece di fare il lavoro determinato dall'Intelligenza cosmica queste forze si urtano, si combattono e si annientano reciprocamente, là è il male. È come il fuoco e l'acqua; quante cose straordinarie si possono fare mettendo l'acqua sul fuoco!... ma con una parete che li separi, altrimenti il fuoco farà evaporare l'acqua e l'acqua spegnerà il fuoco, cosa che succede in tutti i campi della vita quando si è ignoranti. Le forze, i veleni, sono nocivi per l'uomo che non è nè sufficientemente istruito nè abbastanza forte per utilizzarli. Ma per la natura non esiste il male.

Possiamo anche dire che in un certo senso il male si trova nel bene. Prendiamo l'esempio della nutrizione: quando mangiamo preleviamo gli elementi che sono utili, indispensabili alla nostra salute ed eliminiamo quelli che l'organismo non può assimilare, e che d'altra parte lo avvelenerebbero se non potesse eliminarli. Il male si trova quindi nel bene, sono legati, e tocca all'organismo fare una scelta ed eliminare questo male. Facciamo altri esempi. Incontrate la ragazza più affascinante, più incantevole e la sposate: questo è un gran bene. Sì, ma non siete l'unico a stupirvi di fronte a quella creatura, ce ne sono anche altri che si interessano a lei, ed ecco le grane: i sospetti, le gelosie, i litigi... quando ancora la faccenda si ferma qui! Immaginate ora di ereditare un'immensa fortuna: eccovi ricchi, è straordinario! Sì, ma anche qui cominciano le preoccupazioni; riceverete continuamente insistenti richieste, rischierete ogni momento di essere svaligiati, non sarete mai più tranquilli... E così via, per tutti gli altri campi della vita. Solo la saggezza è capace di utilizzare il bene ed il male, e soprattutto fare in modo che il bene non si trasformi in male.

Come vi ho detto all'inizio, il bene ed il male sono attaccati alla stessa ruota; se esistesse solo il bene, non riuscirebbe a farla girare. Sono forse l'unico che osi dire che il bene non è capace di svolgere tutto il lavoro se il male non gli dà una mano. Direte che il male però è una forza contraria... E bisogna proprio che sia contraria! Quando volete tappare o stappare una bottiglia vi servite di entrambe le mani, ed esse lavorano in senso contrario: una spinge in una direzione, l'altra in direzione opposta, ma è grazie a quest'opposizione che voi riuscite ad infilare o a togliere il tappo. Capite adesso come le forze contrarie lavorano per uno scopo determinato... È un processo che avete ogni giorno davanti agli occhi, ma non lo vedete.

Per finire, vi dirò che dovete pensare ogni giorno a legarvi al Signore, al Centro, a questo punto che contiene tutto. E da parte sua, Egli che è infaticabile, che non si riposa mai, che è eterno, indistruttibile, che è al di sopra del bene, riunirà le forze del bene, le quali puliranno e organizzeranno tutto in modo meraviglioso.

III

AL DI SOPRA DELLE NOZIONI DI BENE E DI MALE

Possiamo dire che esistono due scuole: quella del bene e quella del male. Nella scuola del bene si consiglia di rigettare tutto ciò che è male, con la speranza che agendo così si sarà salvati. Nella scuola del male si lotta contro il bene, immaginandosi che si arriverà ad annientarlo. In realtà esiste una scuola molto superiore, molto al di sopra di quelle del bene e del male perchè sa utilizzare entrambi; essa utilizza anche il male, ma in dosi omeopatiche, per giungere a realizzazioni formidabili. Non rifiuta niente, ma insegna che se il male esiste è perchè Dio ne permette l'esistenza, altrimenti sarebbe già sparito da tempo. Certo, se il male esiste è perchè Dio ne accetta l'esistenza, altrimenti bisognerebbe ammettere che Egli non riesce a vincere un nemico più forte di Lui, e quindi che non è il Padrone onnipotente che governa l'universo. Se qualcosa nel Creato gli tiene testa, chi l'ha creato? Un altro Dio più potente di Lui?... D'altra parte è quello che gli uomini hanno spesso creduto. Si dicevano: «Ma cos'è poi questo Dio che non è capace di fare granchè? Non sa tutto, non sa fare nè profezie nè miracoli, l'Altro invece ne è capace... Andiamo dunque da lui!» In un certo senso ragionavano bene. Perchè andare a servire un Dio incapace, impotente, quando tutte le conoscenze e tutti i doni vengono dal suo avversario, il Diavolo? Ed era la Chiesa a dirlo! E se qualcuno faceva miracoli... era il Diavolo! Certi religiosi non hanno mai ammesso che fosse Dio a fare quei miracoli: nella loro idea, Dio ne era incapace. Non bisogna dunque stupirsi che la gente abbia fatto dei patti con Satana; era logico! Guardate a che punto si arriva quando l'èlite ha perduto le chiavi della vera conoscenza...

Direte: «Sì, ma se Dio è veramente onnipotente perchè non viene a tirarci fuori dalle sofferenze e dalle disgrazie?» È perchè abbiamo messo tra Lui e noi tante barriere, tante idee false ed arbitrarie che Egli non può arrivare ad aiutarci. E allora nella testa degli uomini rimane l'idea che Dio è talmente lontano e inaccessibile che non li sente, mentre il Diavolo è vicinissimo, li ascolta e può esaudirli. Provate, fate un'inchiesta, e vedrete se la gente non pensa così: «Questo Dio che supplichiamo da tanto tempo, è inaccessibile... sordo... addormentato... Il Diavolo invece è ben sveglio, ed è subito presente.»

È vero, ma gli uomini non sanno che loro stessi hanno messo questa distanza, scavato quest'abisso tra loro e Dio. In realtà nessun essere è così vicino a noi, nessuno ci ama quanto Dio e vuole aiutarci quanto Lui; ma dobbiamo sbarazzarci di tutto ciò che impedisce a quest'amore di arrivare fino a noi.

Ricordate, vi dicevo un giorno che il sole che fa muovere i pianeti, che fa crescere la vegetazione e che provoca epidemie , guerre e ogni genere di avvenimenti con un semplice cambiamento delle correnti che invia, il sole stesso è impotente davanti a una finestra con le tende chiuse... Se avete chiuso le vostre tende, potete supplicare quanto volete: «Entra mio caro sole, entra in casa mia, illuminami, sei così bello!» Egli vi risponderà: «Non posso... non posso... devi togliere le tende.» E noi aspettiamo adesso che Dio tolga le nostre tende! No, no, e anche a rischio di passare per sacrilego, vi dirò: «Dio può tutto, ma è impotente di fronte alle vostre tende chiuse. Tocca a voi aprirle.»

In ogni caso non immaginatevi che se Dio ha lasciato che il male si manifestasse nel mondo sia perchè non arriva a vincerlo, nè soprattutto che abbia bisogno dell'aiuto degli uomini, come credono molti cristiani. Vi rendete conto, gli uomini, che aiuto! Forse sarete stupiti, ma vi dirò che il male è necessario e addirittura indispensabile ai lavori della natura, perchè lei sa servirsene. È come nei laboratori dove c'è bisogno di veleni per fabbricare medicamenti potentissimi; il male è un veleno che può uccidere i deboli e gli ignoranti, ma per le persone forti e intelligenti è una panacea, li guarisce. Ecco la filosofia della terza scuola: utilizzare il male.

Ovunque ci sono indicazioni per istruire e far riflettere gli uomini, allora perchè non sanno utilizzare le difficoltà e le prove? Questo è un problema sul quale il discepolo deve ormai lavorare. Immaginate di voler combattere un nemico e, senza sapere che in realtà è un amico che non ha saputo presentarsi davanti a voi, lo uccidete – come a volte succede. Dovete dunque innanzitutto studiare questo «nemico» che vi danneggia: forse scoprirete che non solo non è così nocivo ed ostile come sembra, ma che potete farne un amico.

Sentiamo il male come delle forze ostili, ma in realtà esse non hanno alcuna ostilità verso di noi; è solo che tutto quello che non ci fa comodo ci sembra ostile. Come non trovare ostili degli elementi che ci paralizzano o ci avvelenano? Tutto quello che non vibra in armonia con noi, che ci sbarra la strada, rabbuia o turba la nostra coscienza, si presenta a noi come un nemico: è normale. Ma è una situazione definitiva? No, perchè se riuscite a trasformare quest'elemento diverrà una forza benefica per voi. Volete degli esempi?

All'inizio il fuoco, il fulmine, l'acqua, il vento erano i nemici dell'uomo, che si batteva contro di loro e moriva nella lotta. Il giorno in cui ha cominciato ad addomesticare tutte queste forze, ha capito che erano sue nemiche solo perchè non le sapeva domare per utilizzarle. Allora perchè non capire che possiamo fare la stessa cosa con altre forze nella vita? In realtà il male rappresenta forze molto potenti, con le quali non abbiamo buone relazioni perchè non sappiamo come canalizzarle; ed evidentemente tutto ciò che non sappiamo utilizzare non può che nuocerci. L'elettricità ci presenta uno dei migliori esempi di quello che l'uomo può fare per canalizzare un'energia che, allo stato bruto, lo distruggerebbe all'istante. Guardate tutti quei reticolati di fili, quei trasformatori, quegli apparecchi, quei bottoni... Ora si è riusciti così bene a dominare l'elettricità che anche un bebè può servirsene tranquillamente.

Ecco qua, è semplice, è chiaro. Studiando le forze che siamo abituati a considerare come cattive, ci accorgeremo che non lo sono, perchè nella natura il male non esiste.

Guardate, la terra è più intelligente degli uomini: le vengono gettate tutte le sporcizie, tutti i rifiuti, ed essa li prende come una materia preziosissima che trasforma in piante, in fiori e in frutti. E il carbone, com'è diventato carbone?... E il petrolio?... E le pietre preziose? Allora, se la terra ed alcuni Iniziati possiedono questa saggezza, se Dio possiede questa saggezza per cui non vuole distruggere il male, perchè non cercare anche noi di possederla? Da migliaia di anni gli uomini supplicano: «Signore Dio, annienta il male!» Ma Dio si gratta la testa, sorride e dice: «Poveretti! Quando capiranno che il male è necessario, smetteranno di supplicarmi.» Ma fino a quel momento, quante preghiere! Si deve pregare, certamente, ma ecco cosa bisogna chiedere: «Signore Dio, insegnami come hai creato il mondo, come consideri le cose... Dammi questo senno, questa saggezza, quest'intelligenza perchè io possa, come Te, essere al di sopra del male affinchè esso non mi tocchi, ma io sia capace di servirmi di lui per realizzare grandi cose.» Quanti esempi ci mostrano pure che quello che è male per gli uni non lo è necessariamente per gli altri! Certi animali hanno una straordinaria resistenza al fuoco, altri al freddo, altri ai veleni, altri alla mancanza di cibo; altri non muoiono nemmeno se si taglia loro il corpo in due... Le idee che gli uomini si sono forgiate a proposito del male sono idee loro, non sono universalmente valide. Ed è questo che voglio farvi capire: sono idee nostre, concezioni nostre, ma esistono altre creature che danno giudizi diversi sul male, perchè sono arrivate a un grado di evoluzione in cui sanno utilizzarlo.

Posso darvi ancora tanti di quegli esempi! Se versate dell'acqua nello stomaco è bene, ma se ne versate nei polmoni, ah, va male. Fate entrare aria nei polmoni, va bene, ma fatela entrare nello stomaco... non va più bene! La conclusione che dobbiamo trarne è che ciò che è bene in un luogo diventa male in un altro. A chi ha gli occhi malati la luce fa male; anche la luce dunque può essere buona o cattiva, secondo le persone. Questo prova anche che gli uomini non possono sapere cos'è il male, finchè lo giudicano secondo le loro debolezze e imperfezioni. Quando si avvicineranno alla perfezione, cambieranno opinione. Per questo l'opinione delle persone ordinarie riguardo al male è talmente diversa dall'opinione degli Iniziati e dei saggi; al di là di questo aspetto terrificante che fa paura ai deboli, gli Iniziati sanno trovare nel male una forza benefica, addirittura un amico.

D'altra parte il modo migliore per indebolirsi è vedere il male come un nemico. Quando incontrate un inconveniente, imparate a considerarlo come una base, un punto d'appoggio solido e resistente per il vostro lavoro. Quando siete andati a fare escursioni in montagna, non avete notato che sono le asperità, le rocce, che vi hanno permesso di arrampicarvi? Se desiderate che la vostra vita sia liscia e non abbia alcuna asperità, come farete ad arrivare fino in cima? E soprattutto, per scendere, che ruzzolone! Fortunatamente ci sono delle asperità, ed è grazie a loro che siete ancora vivi. Non chiedete che la vostra vita sia liscia, senza sofferenze, senza inconvenienti... senza pene, senza nemici, perchè non avrete nulla a cui aggrapparvi per salire; se ottenete tutto quello che domandate: una vita facile, tranquilla, con divertimenti, denaro, interiormente non resterà ben presto nulla di voi. Per fortuna il Cielo non vi ascolta! Tutti non chiedono che di vivere nella felicità e nell'opulenza, senza sapere che in realtà stanno chiedendo la propria disgrazia.

So che è difficile accettare quello che dico. Ogni giorno vi presento un aspetto di questa filosofia, e a volte siete un po' amareggiati perchè queste idee non corrispondono alle vostre concezioni; ma sbarazzatevi delle vostre concezioni, provate le mie e vedrete i risultati! Eh no, vi ostinate: «Voglio il potere, voglio il denaro, la gloria, e che tutti siano stupiti di me...» Dio mio, i desideri degli uomini! Uno vuole un negozio con delle succursali, l'altro un ristorante o un negozio di parrucchiere... e tutte quelle ragazze e quelle donne che vogliono diventare attrici di cinema oppure Miss non-so-cosa e passeggiare per la strada con un cagnolino, perchè qua e là un uomo si fermi estatico davanti al cane: «Oh, com'è carino! Oh, com'è gentile!» mentre in realtà è alla padrona del cane che vuol parlare... in attesa che diventi anche la sua! Se solo si potesse entrare nel cuore degli uomini e delle donne, cosa vi si vedrebbe! C'è proprio di che ridere... o piangere!

Poichè il male rappresenta forze e materiali di una potenza esplosiva che l'uomo non è ancora arrivato a padroneggiare, bisogna dirsi che esiste sempre la possibilità di raggiungere un grado superiore al quale arriveremo. Finchè una cosa ci supera può diventare un male per noi; tocca dunque a noi perfezionarci, per raggiungere quel grado superiore che ci permetterà di essere al di sopra del male e poterlo trasformare in bene. Prendiamo i bambini molto piccoli: se date loro lo stesso cibo e le stesse bevande che date agli adulti, possono morirne, ma, quando crescono e si rinforzano, tutto ciò non può più far loro del male. Allora vedete, sono fatti della vita quotidiana che tutti hanno avuto l'occasione di constatare, ma a proposito dei quali non si sono tratte le giuste conclusioni. Bisogna abituarsi ad osservare i fatti della vita.

Se gli uomini non hanno delle corrette concezioni riguardo al bene e al male, è perchè hanno sfiorato il vero problema ed ignorano che quello che è cattivo per alcuni può essere buono per altri. Dunque, se il discepolo sa come rafforzarsi ed andare più in là nella comprensione delle cose, il male che sconfigge, avvelena o annienta gli altri renderà invece lui più bello, più nobile e più sano. Non bisogna quindi lottare contro il male, ma rafforzarsi per resistergli: cosa facciamo contro la pioggia, la neve, il temporale? Usciamo forse di casa per gridare alle forze della natura di calmarsi? Sì, forse è così in certe fiabe; però nella vita corrente ci si occupa della propria casa, la si consolida, si verifica l'isolamento, s'installa un buon riscaldamento, e questo basta. Eh sì, sappiamo cosa si deve fare nel piano materiale, ma nella vita interiore ci comportiamo da ignoranti: vogliamo sopprimere il male. Perchè lottare contro il male invece di occuparci solo di rafforzarci per capire ed agire in modo migliore?

Naturalmente se siamo gravemente ammalati non è facile rafforzarsi per superare la malattia. È che per anni e anni, ed anche per parecchie incarnazioni, abbiamo fatto di tutto per ammalarci, e adesso bisogna dunque lavorare altrettanto a lungo per ristabilire la salute. Questo non contraddice ciò che vi ho appena detto. Se si fa di tutto per essere deboli, miseri, oscuri, ignoranti, è sicuro che ci si arriva. Non possiamo negare che il male esista, ma dobbiamo comprendere innanzitutto che siamo noi stessi che l'abbiamo alimentato, e che modificando in seguito le nostre idee nei suoi confronti, abbiamo la possibilità di indebolirlo, disgregarlo o utilizzarlo.

Non ho mai detto che la maggioranza degli uomini non viva in situazioni difficili o anche catastrofiche. Bisogna essere cieco per non riconoscere questa triste, miserabile, deplorevole realtà, ma nonostante tutto insisto perchè siate contenti. Sento spesso che c'è qualcosa in voi che si ribella, e pensate: «Ma il Maestro non vede in quali penose condizioni viviamo?» Oh sì, lo vedo, anzi non vedo che questo ovunque; ma vedo anche altre cose: vedo buone condizioni che sono lì e che voi non vedete, perchè siete talmente ossessionati dalle difficoltà da vedere solo queste. E quello che vedo soprattutto sono le buone condizioni che avete in voi, tesori, ricchezze straordinarie, mentre voi vedete solo la situazione esteriore. Quando mi capirete, vi sentirete più forti e direte: «Ah! avevamo bisogno di qualcuno che veda anche il lato buono e che ci incoraggi.» Sì, vedete solo le vostre debolezze, la vostra povertà, la moglie che se n'è andata, i figli che non vogliono ascoltare niente... Ma ci sono talmente altre cose da vedere!

Ascoltandomi, certamente, all'improvviso vi sentite incoraggiati, ma un'ora dopo avete dimenticato tutto del vostro coraggio, della vostra ispirazione. La prima piccola difficoltà che incontrate, uno sguardo o una parola sgradevole, vi mettono completamente a terra. Quante volte l'ho constatato : vi lasciate prostrare al minimo colpo.

Ricordate dunque quest'idea che vi aiuterà molto : quello che è un male per alcuni può essere un bene per altri. Se capite che il male non è assoluto, che anzi è molto relativo, vi sarà più facile sopportarlo e un po' alla volta constaterete che quello che prima vi faceva soffrire, ora vi lascia indifferenti. Penserete anzi : «Tanto meglio, il Cielo mi libera ! » Quanti Iniziati si sono accorti che tutte le perdite subite, tutte le prove attraversate, in realtà non servivano che alla loro liberazione ! Accettate dunque anche voi la loro filosofia, altrimenti ogni volta che bisognerà intonare cantici di lode all'Eterno e canti di gioia, farete in modo di essere infelici.

Mediante la luce della comprensione, dall'oggi al domani il male può essere trasformato in bene, mentre se non viene capito nè utilizzato, rimane il male. Ecco qua, cari fratelli e sorelle, un buon avvenire vi aspetta : con questa verità avrete delle possibilità fantastiche, perchè se avete veramente capito, niente potrà fermarvi. Poichè nel piano fisico gli uomini sono arrivati ad utilizzare le forze della natura, il vento, le cascate, le maree, devono poterci arrivare anche nel campo psichico; è solo questione di atteggiamento. La cosa essenziale da capire, è che non bisogna lottare.

Degli occultisti che avevano voluto battersi contro il male, che avevano veramente dichiarato guerra al male, ne sono morti; non conoscevano le verità che vi rivelo, si sono avventurati da soli contro il male ed era fatale che fossero annientati. Non dico che un Iniziato non debba lottare contro il male, ma dapprima deve prepararsi a lungo, purificarsi per permettere al Signore di prendere dimora in lui affinchè Egli possa manifestarsi attraverso di lui in tutta la Sua potenza. Solo Dio stesso può annientare il male; noi non abbiamo nè la statura, nè il calibro, nè la potenza, nè i metodi per farlo. Leggete l'Apocalisse, vi trovate scritto che l'Arcangelo Mikhaël incatenerà il Drago, simbolo del male, e lo rinchiuderà per mille anni. Allora bisogna riflettere: poichè l'Arcangelo Mikhaël stesso che ha tutti i poteri non annienterà il male, ma lo legherà soltanto, come potremmo riuscirci noi, poveri disgraziati?

Molti di voi sono certamente stupiti di questo nuovo modo di concepire il male. In realtà quello che vi dico è solo la conclusione di osservazioni che tutti voi potete fare ogni giorno, solo che gli uomini non hanno l'abitudine di soffermarsi sui più piccoli avvenimenti della vita quotidiana per conoscerne ed interpretarne il linguaggio. Tuttavia è là, nella vita quotidiana e nella natura, che problemi filosofici della più grande importanza sono presentati e risolti, e perfino in modo molto più chiaro e semplice che nei libri di filosofia, talmente astratti.

Il male è come una forza inorganizzata, che tormenta l'uomo perchè egli non ha ancora la possibilità di dominarla e di utilizzarla; ma se il discepolo prende coscienza che quello che crede essere un male può servirgli molto per il suo avanzamento spirituale, diventa poco a poco padrone di tutte le situazioni. Poichè non possiamo mai riuscire a vincere il male, dobbiamo ormai sostituire le parole «combattere, uccidere, sradicare, estirpare,», che sono l'espressione di concezioni errate, con altre parole come «addomesticare, assimilare canalizzare, orientare, sublimare, utilizzare», che esprimono una concezione più avanzata, più spirituale. A quel momento il colore nero del carbone si trasforma in un rosso luminoso. Che sia per la forza sessuale, la collera, la gelosia, il rancore, che sia per un nemico, per una malattia o per qualunque tentazione, se accettiamo questa nuova filosofia avremo sempre le migliori condizioni per lavorare, rafforzarci e risolvere definitivamente i nostri problemi.

Allora vi consiglio di fare così: quando siete tentati di considerare un avvenimento come un male, chiedetevi: «È veramente un male? Non è piuttosto un bene nascosto?» Finchè non vi porrete questa domanda lotterete o vi ribellerete e non beneficierete di quel male, che in realtà era un bene che non avete saputo vedere. Raramente gli uomini sanno vedere quello che è buono o cattivo per loro. Quante cose hanno l'abitudine di considerare come buone, e in realtà sono dei veri pericoli! Quanti successi e affermazioni hanno contribuito a trascinare certe persone verso la catastrofe! E al contrario quanti ostacoli, quanti fiaschi sono diventati, per coloro che sapevano utilizzarli, le vere cause del loro trionfo futuro. Ma bisogna aver vissuto molto, studiato molto, e aver attraversato molte prove per constatare quanto questo sia vero.

IV

LA PARABOLA DELLA ZIZZANIA E DEL FRUMENTO

«Gesù propose loro un'altra parabola, e disse: Il regno dei cieli rassomiglia ad un uomo che ha seminato un buon seme nel suo campo. Ma mentre la servitù dormiva, venne il suo nemico, seminò della zizzania tra il frumento e se ne andò. Quando l'erba spuntò e crebbe, apparve anche la zizzania. I servitori del padrone di casa vennero a dirgli: Signore, non hai seminato un buon seme nel tuo campo? Da dove viene dunque questa zizzania? Egli rispose loro: È stato fatto da un nemico; e i servitori gli dissero: Vuoi che andiamo a strapparla? No – rispose – temo che strappando la zizzania allo stesso tempo sradichiate anche il grano. Lasciate crescere insieme tutti e due fino alla mietitura, e all'epoca della mietitura dirò ai mietitori: Strappate prima la zizzania e legatela in fasci per bruciarla, ma ammassate il grano nel mio granaio.»

Mat. XIII : 24-30

Gesù si è servito parecchie volte delle immagini del campo, del seminatore, del grano, ecc... e ne ha dato egli stesso l'interpretazione; non tornerò quindi su quest'argomento. Mi occuperò solo della risposta data in questa parabola dal padrone del campo ai servitori, che gli chiedevano se dovessero strappare la zizzania. «No – rispose – temo che strappando la zizzania sradichiate anche il grano lasciate crescere l'uno e l'altra fino alla mietitura...»

Se capite questa parabola del frumento e della zizzania, avrete capito una delle leggi più importanti della vita: come svilupparsi a dispetto delle condizioni apparentemente sfavorevoli che il destino ha messo sulla nostra strada, come conformarsi alla regola data dal padrone del campo: «Lasciate crescere insieme il frumento e la zizzania fino alla mietitura.» Quest'argomento è della più grande importanza sia dal punto di vista pedagogico che sociale. Gli uomini gridano sempre contro i cattivi, il loro linguaggio è pieno di espressioni come: «Uccidiamoli, sterminiamoli!» ma da che il mondo esiste non si è mai riusciti a far sparire tutti gli esseri cattivi. Cosa dicono i pedagoghi, i religiosi, i moralisti? «Sradichiamo i vizi! Estirpiamo le cattive abitudini!» È un'ottima intenzione, ma come realizzarla? Arrivano tutti con delle armi per annientare il male, ma questo non impedisce loro di continuare ad esistere, anzi a volte succede che coloro dai quali si è riusciti a strappare certi vizi, diventino preda di vizi ancora più grandi.

Per distruggere il male, la gente si comporta esattamente come chi cercasse di uccidere tutte le zanzare, dimenticando di prosciugare la palude che ne favorisce la proliferazione. Per annientare il male non è sufficiente sbarazzarsi dei cattivi, perchè i cattivi sono prodotti da certe condizioni, ma bisogna prosciugare la palude, cioè cambiare le condizioni e non ci saranno più zanzare. Direte che sapete tutto questo. Non ne dubito, ma quello che ignorate è che anche in voi esiste una palude che produce il male e gli esseri cattivi; passate il tempo ad uccidere le zanzare che vi infastidiscono, ma non fate nulla per prosciugare la vostra palude interiore!... Ma queste certamente sono verità che non vi piace ascoltare.

Dire che il campo di grano rappresenta il mondo, e la zizzania e il frumento gli uomini cattivi e buoni che un giorno saranno separati, è un'interpretazione esatta ma insufficiente. Il campo di grano non rappresenta solo il mondo, ma anche ogni essere umano che porta in sè il frumento e la zizzania, cioè la sua buona e la sua cattiva natura.

Evidentemente possiamo domandarci come

l'uomo, che è stato creato ad immagine di Dio e che ha ricevuto tante qualità dal suo Creatore, possa manifestare tante strane tendenze, desideri di mentire, di rubare, di uccidere, di tradire. Com'è possibile che Dio sia il Creatore di un essere cattivo e criminale?... La parabola risponde a questa domanda. Essa dice che un nemico è venuto mentre dormivamo, ed ha seminato in noi dei germi di natura diversa da quelli che avevamo ricevuto da Dio, al punto che due tipi di semi crescono insieme in noi. Le parole «mentre la servitù dormiva» spiegano tutto. Questo avviene anche negli esseri più evoluti. Quando la coscienza si addormenta, l'intelligenza si offusca e il «nemico» (che simboleggia qui una grande collettività di esseri molto inferiori, che hanno scopi contrari all'ordine dell'evoluzione) semina i suoi pensieri, sentimenti e desideri perversi nell'anima umana. Per questo i discepoli di una Scuola iniziatica devono sempre essere molto vigili, molto svegli... anche durante il sonno. Il corpo può dormire, ma non l'anima.

Da quando il mondo esiste, la zizzania è un oggetto di studio per gli uomini. Negli ospedali, nelle scuole, nei tribunali, si cerca di analizzare gli elementi della zizzania, e non solo è impossibile scoprire cosa sia il male in tutte le sue manifestazioni, ma il bene e il male sono così strettamente aggrovigliati, che volendo strapparne uno si rischia di strappare anche l'altro. Bisogna poterli separare come consiglia Ermes Trismegisto, che dice: «Separerai il sottile dallo spesso con grande abilità.» Sì, ma l'uomo non possiede ancora nè il sapere nè le capacità sufficienti per farlo. La miglior soluzione per lui è quindi lasciar vivere insieme il bene e il male, ed utilizzare l'attività e le forze straordinariamente potenti contenute negli elementi del male, cioè prendere qualche dose infinitesimale del male per rafforzare e tonificare le forze del bene: esattamente come per un innesto. Cosa fa il giardiniere? Sul tronco di un giovane pero selvatico dai frutti immangiabili, fissa per esempio il rametto di un pero di buona qualità, che approfitterà del formidabile vigore dell'albero selvatico. Allo stesso modo, sull'albero del male possiamo innestare un ramoscello dell'albero del bene. Poichè le forze del male riescono ad approfittare del bene per attingervici delle forze, trasformarle ed utilizzarle per i loro diabolici disegni, altrettanto il bene ha tutti i diritti di attingere alle forze del male, di trasformarle e di servirsene.

Per esempio, possediamo organi le cui funzioni non ci sembrano nè spirituali, nè estetiche, nè pulite, ma che tuttavia sono estremamente necessari, e non dobbiamo sopprimerli. Nella natura ogni cosa è legata ad un'altra; ogni cellula, ogni organo, sono legati ad altre cellule e ad altri organi, nel modo in cui le radici di un albero sono legate ai rami, alle foglie, ai fiori e ai frutti. Se l'uomo taglia queste radici, cioè se toglie gli organi che sono il fondamento della sua esistenza, ne derivano terribili conseguenze. È vero che questi organi a volte provocano degli avvenimenti tragici, ma l'uomo deve lasciarli vivere cercando di attingervi delle forze e di trasformarli.

Spesso, leggendo la biografia degli uomini e donne più insigni, si è stupiti nel constatare che molti portavano in sè tendenze anormali, perverse o addirittura criminali. Quando non si conosce la struttura dell'essere umano, non si capisce come sia possibile ma in realtà è molto semplice: a causa delle loro tendenze inferiori contro le quali lottavano costantemente, questi esseri arrivavano, consciamente o inconsciamente, a praticare degli innesti nel loro essere. Più le loro passioni (le radici) erano terribili e ardenti, più essi davano frutti saporiti, opere notevoli. Molti altri invece che non avevano alcuno di quei difetti, non hanno dato niente all'umanità ed hanno vissuto in modo estremamente insignificante e mediocre.

Con questo non voglio dire che si debba tollerare, giustificare o coltivare il male nel mondo, no, ma per l'umanità viene il momento di capire questa sublime filosofia che insegna come utilizzare persino le forze del male per glorificare il bene. Più il tronco e i rami si elevano in altezza, più le radici penetrano profondamente nella terra; chi non lo capisce è spaventato nel constatare la diffusione del male. Non bisogna aver paura perchè tutto nella natura è costruito secondo leggi straordinariamente sagge: se non abbiamo radici profonde, saremo incapaci di attingere la vita dal suolo e di resistere alle tempeste.

Ed ora, che atteggiamento bisogna avere verso gli esseri che rappresentano la zizzania in una società? Sulla terra esistono delle montagne e delle pianure e tra di esse circolano delle correnti che provocano certe manifestazioni della vita. Se la terra fosse assolutamente piatta, non ci sarebbe più vita. Gesù, che conosceva bene questa legge, non esitava a mescolarsi ai poveri, ai peccatori, ai criminali; i farisei ed i sadducei, che invece ignoravano le leggi della natura, disprezzavano Gesù e l'accusavano di frequentare la folla ignorante e peccatrice. Il loro orgoglio li teneva lontani dai poveri e dai diseredati, mentre Gesù amava vivere vicino agli esseri deboli, malati, delusi, per realizzare degli scambi con loro. Dava loro la sua luce, il suo amore, la sua purezza, ma contemporaneamente attingeva in loro delle materie brute, grossolane, simili a quelle che le radici assorbono nel terreno e grazie alle quali l'albero potrà dare fiori e frutti. I cattivi forniscono energie che i buoni assorbono, trasformano e distribuiscono sotto la forma elaborata di bontà, di carità, di saggezza. Questo scambio è necessario. Gesù prendeva i peccati degli uomini, cioè attingeva in essi delle energie brute che trasformava nelle foglie del suo essere e ridistribuiva sotto forma di luce e d'amore.

Chi rifiuta di avere contatti con gli ignoranti e i cattivi, e non vuole frequentare che le persone distinte, sapienti e virtuose, non può evolvere, non è un buon alchimista e resta privato di certe qualità e virtù indispensabili alla propria evoluzione. Perciò, malgrado tutto il loro sapere, i farisei erano degli ignoranti perchè si tenevano lontani dalla folla, cosa che non ha impedito loro di restare spesso più peccatori e più cattivi di essa. Al contrario, Gesù ha voluto scendere tanto in basso quanto era possibile, si è mescolato al popolo, consciamente, sforzandosi d'istruirlo e di purificarlo per elevarlo fino a Dio. La diffidenza e l'orgoglio dei farisei aprivano largamente la porta della loro anima alle impurità e alle debolezze, mentre l'audacia, la convizione e l'amore di Gesù purificavano l'atmosfera dovunque egli passava.

Non vi dico questo per spingervi a frequentare le persone scostumate e i criminali! Prima di avvicinarsi a loro è indispensabile cominciare con lo studiare profondamente il problema della zizzania e del frumento, cioè saper operare questa trasformazione del male in bene di cui vi ho appena parlato. A volte si vedono donne virtuose e affascinanti sposarsi con degli ubriaconi e dei dissoluti nella speranza di salvarli, ma siccome un buon desiderio non basta per strappare un essere ai suoi vizi, invece di salvare il marito sono state trascinate nella bassezza e nell'ignominia. Per trasformare il male, bisogna possedere un certo sapere. Gli Iniziati possono aiutarci perchè si caricano dei nostri peccati, dei nostri errori, delle nostre debolezze e in cambio ci danno la loro luce, la loro pace, il loro amore. Solo i grandi Iniziati sanno come operare la trasformazione del male in bene; essi solo sanno cosa contiene la zizzania e sono capaci di trarne profitto.

Guardate questo schema: (ved p. 76).

Vedete subito che rappresenta diverse categorie di esseri umani, corrispondenti ai diversi piani :fisico, astrale, mentale, causale, buddico, atmico.

Studiamo adesso la corrispondenza fra questi esseri e le diverse parti di un albero. I bruti sono nelle radici della vita, lavorano per così dire sot-

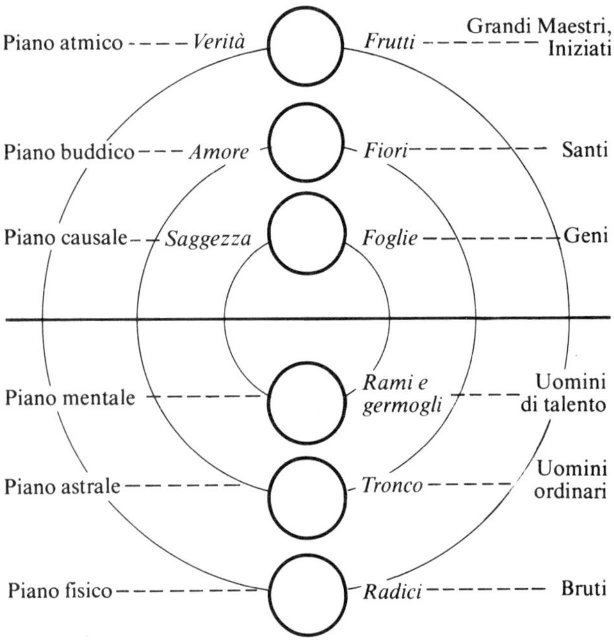

toterra. Gli uomini ordinari lavorano nel tronco, lasciano passare attraverso di loro la materia prima che altri trasformeranno. Gli uomini di talento rappresentano i rami che mandano questa materia alle foglie e, una volta elaborata, la fanno ridiscendere verso le radici ; prendono per dare, si occupano degli scambi. I geni sono i germogli dai quali escono le foglie, ed è là che comincia il grande lavoro: l'elaborazione della linfa grezza grazie ai raggi del sole. I santi sono i fiori dell'albero cosmico: con i loro colori, la loro bellezza, i loro profumi, attirano le farfalle, gli insetti, gli uccelli e gli uomini. Sono predestinati a formare i frutti, e grazie a loro la vita diventa pura e bella. I grandi Maestri sono i frutti dell 'albero cosmico, il nutrimento celeste, «il pane disceso dal Cielo»: possiedono la dolcezza di tutti i succhi.

L'essere umano rappresenta un albero con radici, tronco, rami, foglie, fiori e frutti. Tutti gli uomini possiedono delle radici, un tronco e dei rami, ma pochissimi tra di loro sono visitati dalla primavera; i più sono alberi senza frutti, senza fiori e addirittura senza foglie, sono alberi d'inverno, tristi, neri e senza ornamenti. Senza dubbio, in ogni essere possono sbocciare dei fiori, solo che deve lavorare, possedere un grande sapere e sacrificare molto tempo perchè questi fiori riescano a sbocciare, esalare i loro profumi e formare i loro frutti. I frutti sono le opere delle diverse virtù.

Le foglie, i fiori, i frutti, sono la saggezza, l'amore e la verità. Con grande saggezza le foglie trasformano la linfa grezza in linfa elaborata, come gli alchimisti trasformano i metalli in oro grazie alla pietra filosofale. I fiori sono legati all'amore: i colori, i profumi, la materia pura dei loro petali attirano gli esseri, ed in essi è deposto il nettare che gli insetti raccolgono. I frutti rappresentano la verità, che è il risultato dell'unione della saggezza e dell'amore.

Le foglie, i fiori e i frutti degli alberi cadono in certi periodi dell'anno e rimangono solo i rami, il tronco e le radici : questi ci sono sempre. Allo stesso modo i bruti, gli uomini ordinari e gli uomini di talento non mancano mai nel mondo, mentre i geni, i santi e i grandi Maestri sono molto più rari. Durante l'inverno, delle foglie, dei fiori e dei frutti dell'estate rimane soltanto il ricordo dei colori, del profumo, del sapore ; tutta quella bellezza resta impressa nella memoria. Così avviene per i geni, i santi e i grandi Maestri : molto tempo dopo la loro scomparsa, l'umanità parla ancora delle loro opere e della gioia che essi diffondevano attorno a sè. Sulla terra l'amore, la saggezza, la bellezza, la verità non hanno molte condizioni favorevoli per rimanere ; i santi, i grandi Maestri vengono a visitare la terra per diffondervi le loro benedizioni, poi se ne vanno. Quello che resta in permanenza sulla terra è la mediocrità, la bruttezza, le persone ordinarie. Invece nel Cielo le foglie, i fiori e i frutti sono eterni, mentre tutto il resto è passeggero.

Nell'uomo stesso si può dire che le radici, il tronco e i rami che corrispondono ai corpi fisico, astrale e mentale rappresentano la natura inferiore – la personalità – mentre le foglie, i fiori e i frutti che corrispondono ai corpi causale, buddico e atmico rappresentano la natura superiore – l'individualità. Osservatevi e constaterete che anche in voi quello che è stabile, resistente, tenace, sono le radici, il tronco e i rami cioè quello che corrisponde agli istinti, alle passioni, alle tendenze puramente personali. Ogni tanto appaiono delle foglie nella vostra intelligenza (pensieri luminosi), dei fiori nella vostra anima (sentimenti calorosi), e dei frutti (azioni impersonali). Peccato, che questa primavera non duri molto! Queste ispirazioni, questi stati sottili della vostra supercoscienza spariscono rapidamente e vi ritrovate ad essere gli stessi, con i vostri bisogni di mangiare, di bere, di battervi e di approfittare di tutto.

Ma andiamo più lontano per scoprire ancora alcune corrispondenze straordinarie che esistono nella natura. Lo schema che vi ho appena dato vi mostra che le radici sono legate ai frutti, sono il punto di partenza, mentre i frutti sono il punto d'arrivo. Quando i frutti sono maturi, il lavoro delle radici s'interrompe; ma la cosa straordinaria è che i frutti con i loro semi o i loro noccioli sono le future radici: è di là che il fusto comincia a crescere. Il fatto che certe piante abbiano dei frutti nelle radici (i bulbi), indica l'esistenza di questo legame tra le radici e i frutti. Le piante a bulbi sono quelle che non hanno saputo svilupparsi nel mondo spirituale, e sono rimaste sotto terra... Vedete che esiste un legame anche fra il tronco e i fiori, fra i rami e le foglie; la stessa cosa esiste nell'uomo dove il corpo fisico è legato allo spirito, il cuore all'anima e l'intelletto al corpo causale. Per questo esistono degli scambi e uno stretto legame fra i bruti e i grandi Maestri, fra gli uomini ordinari e i santi, fra gli uomini di talento e i geni.

Non dipende da noi la soppressione dei cattivi, è solo Dio che rende giustizia; noi dobbiamo solo occuparci del bene, dobbiamo studiare, lavorare per il bene, perchè più aumentiamo la potenza spirituale del bene e più essa riuscirà a limitare i cattivi. Le forze superiori possono trasformare i cattivi, noi ne siamo incapaci.

E vi dirò anche che gli uomini si sbagliano quando credono di sbarazzarsi di un criminale uccidendolo, perchè una volta morto va nel piano astrale e mentale inferiore, da dove ha la possibilità di aumentare il male. Vuole vendicarsi, e così fa ancora più male perchè s'intrufola nella testa degli uomini e li spinge a commettere dei crimini, per realizzare attraverso di loro i suoi progetti malvagi. Addirittura ha più possibilità d'azione che prima di morire, perchè non è più limitato e può agire attraverso numerose persone influenzandone i pensieri e i sentimenti.

Quando un liquido nauseabondo è rinchiuso in un vaso, l'odore non può espandersi, ma aprite il vaso e l'odore invade tutta l'atmosfera. Allo stesso modo finchè il criminale è vivo resta rinchiuso nel suo corpo, ma quando muore il suo spirito viene liberato, si spande e visita un gran numero di cervelli umani per influenzarli. Non bisognerebbe punire con la morte i criminali, a causa delle conseguenze che questo fatto mette in moto nel piano invisibile. Dipende da noi organizzare le condizioni della vita perchè non ci siano più dei malfattori; una società che non è fondata su leggi spirituali è come una palude, ed una palude non può generare che zanzare.

Per finire, soffermiamoci sulle parole del padrone del campo: «All'epoca della mietitura dirò ai mietitori: strappate prima la zizzania e legatela in fasci per bruciarla.» Vedete, la zizzania è gettata nel fuoco, perchè solo il fuoco può separare il bene dal male. Quando avete la febbre, cosa succede? È arrivata l'ora della mietitura; forse è una piccola mietitura (la grande mietitura sarebbe stata più difficile da sopportare, e nessuno sa se sareste stati messi nel granaio o bruciati). Quando c'è il fuoco (la febbre), esso fa fondere la zizzania che è in voi e la brucia; ciò vuol dire che elimina il male, i rifiuti, tutte le materie nocive. Quando il fuoco ha compiuto il suo lavoro, tirate un sospiro perchè vi sentite meglio. Ci sono delle grandi e delle piccole mietiture, e la febbre viene per liberarvi da una certa zizzania. La zizzania esiste nei tre piani : fisico, astrale e mentale.

«Giorno verrà, ed è prossimo, in cui il male sarà cacciato dalla terra. L'Arcangelo Mikhaël verrà a legare il drago e lo rinchiuderà per mille anni. Sarà l'ora della mietitura.» Il mondo invisibile invierà un fuoco per purificare la terra, e in quel momento avverrà in noi una separazione tra la zizzania e il frumento. Attualmente la terra è già sotto il fuoco e colui che possiede tanta zizzania in sè soffrirà enormemente, perchè il fuoco che viene penetrerà ovunque. Ma colui che possiede frumento si rallegrerà e rassomiglierà ad una lampada, la cui fiamma diventa sempre più brillante, perchè questo fuoco celeste che brucerà la zizzania, illuminerà i figli del Regno di Dio.

V

LA FILOSOFIA DELL'UNITÀ

Tutto quello che vi rivelo a proposito del male forse scombussola e rivoluziona le vostre concezioni, ma fra qualche anno il mondo intero accetterà questa filosofia, la più veritiera, l'unica che finalmente situi le cose esattamente al loro posto. Viene il tempo in cui nell'uomo non ci saranno più queste lotte e queste lacerazioni, non ci saranno più contraddizioni : sarà l'unità. Il bene e il male cammineranno insieme nella stessa direzione, saranno al servizio del Cielo. Finchè l'uomo oppone il bene al male, divide sè stesso, si fa a pezzi fino ad annientarsi completamente. Cosa può fare un essere che è sempre in lotta con sè stesso ? Con questa vecchia filosofia, la pace non verrà mai. La pace e l'armonia verranno soltanto quando si farà l'unità ; quando tutto camminerà nella stessa direzione.

Prendiamo l'essere umano. Se guardiamo la parte superiore del suo corpo : la bocca, il naso, gli occhi, il cervello, restiamo meravigliati ; ma se guardiamo più in basso : lo stomaco, gli intestini ecc., lo siamo un po' meno. Eppure queste due parti sono indispensabili e lavorano insieme. La prova è che l'uomo passeggia sempre con l'alto e col basso, li porta con sè dappertutto; non lascia una metà da qualche parte per prendere soltanto l'altra, quella che trova più conveniente e più estetica! Allora perchè nel suo pensiero le ha separate? Queste due parti lavorano insieme per assicurare l'esistenza e lo sviluppo di tutte le sue facoltà, e se si ergono l'una contro l'altra è perchè l'uomo, nella sua ignoranza, ha introdotto in sè stesso il disordine e la divisione. In realtà esse sono insieme e lavorano insieme.

Se vi racconto fin dove sono andato nelle mie riflessioni, sarete atterriti. Immaginate che io chieda ai teologi, ai religiosi... a tutti questi puritani: «Bene, ditemi adesso come considerate il Paradiso, il Regno di Dio; quando gli esseri arrivano lassù, pensate che abbiano lasciato altrove una metà di loro stessi, o che siano «completi»? Cosa ne fanno di tutti quegli organi dei quali siete disgustati e nauseati? Spiegatemelo!» Diranno: «Non ci abbiamo pensato.» «Allora manca qualcosa alle vostre concezioni. Come sono, lassù, tutti quegli uomini e quelle donne? Hanno tutti i loro organi oppure hanno conservato solo il cervello, la testa, gli occhi... Ecco una domanda molto imbarazzante, vero? Forse nemmeno voi ci avete riflettuto, e questo vi stupisce. Direte : «È vero, c'è il Paradiso, ma com'è ? Dov'è ?... E come sono gli esseri che l'abitano ?» Vi assicuro che il Paradiso così come lo considerano i religiosi dev'essere noioso, e la prova è che si affrettano a venire a reincarnarsi sulla terra !... No, capitemi bene, scherzo così per farvi vedere che tante cose non sono molto chiare nè molto logiche, e per mettervi in situazioni in cui prendiate coscienza di certi problemi sui quali non vi eravate soffermati : questo è il mio compito.

Adesso certo vi chiederete : «Allora quando saremo lassù come vivremo ?» Ebbene, io per l'appunto lo so... Dio non ha creato l'essere umano per tagliarlo in due ; sarebbe talmente inestetico che i pittori e gli scultori sarebbero disgustati di vederlo così, mutilato, devastato, demolito. E per far piacere a chi ?... Dio è il più grande esteta e non ha creato l'uomo così come capita ; non sappiamo nemmeno quanto tempo gli è stato necessario per crearlo. Direte : «Ma sì, lo sappiamo : un giorno, il sesto.» È formidabile, siete proprio ben informati ! Un giorno... Credete che ci sia voluto solo un giorno per creare l'uomo così com'è, con tutto quello che vediamo e tutto quello che ancora non vediamo di lui, cioè i suoi corpi sottili. Cercate di vedere tutto questo splendore, e capirete allora perchè il Signore non vuole devastare l'uomo, tagliandolo in due per far piacere a degli ignoranti.

La dualità non è altro che un'espressione dell'unità. Il numero 1 è il primo ed unico numero: esiste solo il numero 1, è questo che dovete capire. Cosa rappresentano allora il 2, il 3, il 4, ecc.?... Divisioni dell'1. Arbitrariamente si divide l'1 in 2, 3, 4, 5, 6... e ogni divisione è rappresentata come un nuovo numero mentre è solo una considerazione diversa dell'1, un frammento dell'1. Allora cos'è il 2? È l'1 polarizzato. Prendete una calamita: è polarizzata ma non è divisa, è 1 e resta 1. Da nessuna parte l'1 è separato dall'1; qualunque oggetto... o anche l'uomo, ha due estremità, due poli, ma è sempre 1. E il 3? Ebbene, sono i due poli che sono rimasti legati e che agiscono l'uno sull'altro per produrre un essere o un oggetto che è il 3; ma nemmeno il 3 è separato. Il 4, il 5, sono ancora dei nuovi aspetti del numero 1; individualmente non esistono, esiste soltanto l'1.

Fino ad ora si è sempre pensato che ogni numero avesse un'esistenza propria, che ci fosse l'1, poi il 2, poi il 3, cioè che tutti i numeri fossero sullo stesso piano dell'1. No, esiste solo l'1: è il Padre, la causa, l'origine di tutto. Ma l'uomo non l'ha capito e crede che l'1 e il 2 esistano separatamente, cioè che Dio ed il Diavolo siano uguali, che abbiano la stessa potenza. È falso, il Diavolo non ha un'esistenza separata per tener testa a Dio, ma è un aspetto dell'unità; è lontano da qualche parte nel Tutto, ma ne fa parte, resta legato all'unità. Guardate le fogne: non sono separate dalla città...

Evidentemente il problema del male non è mai stato presentato così. Ma adesso lo vedete, esiste un solo numero, l'1; tutti gli altri sono degli aspetti, delle divisioni multiple dell'1 che li contiene tutti. È impossibile uscire da Dio, dall'1. Questa è la vera filosofia che è sempre stata insegnata nei templi e nei misteri antichi, ma alla folla sono stati dati dei piccoli giocattoli per farla divertire: le è stato lasciato credere quello che voleva.

È necessario soltanto conoscere l'1, poichè contiene tutti gli altri numeri; è inutile andare a cercarli altrove, non ci sono. Tutti coloro che non si sono fermati al numero 1, che rappresenta Dio stesso, hanno trovato il Diavolo che veniva a tormentarli. Tutti coloro che si occupano del 2 dimenticano l'1. In certi periodi del cristianesimo, a forza di disegnare e scolpire ovunque il Diavolo e le sofferenze dei dannati nell'Inferno, ci si dimenticava di Dio. Per forza, cosa rappresentava quel povero Buon Dio di fronte al Diavolo così potente? Vedete che sviamento, che caduta! Il più grande errore dell'umanità è l'aver voluto uscire dall'1, perchè se si pensa all'1, tutto quello che è negativo e ostile sparisce e il Diavolo insieme; rimane solo Dio.

Anche l'essere umano va studiato dal punto di vista dell'unità, perchè anche se è diviso in 2: anima e corpo, individualità e personalità, interno ed esterno, alto e basso, spirito e materia, emissivo e ricettivo, concavo e convesso, uomo e donna, bene e male, Cielo e Inferno, rimane 1. Possiamo anche dividerlo in 3: testa tronco e membra, oppure testa polmoni e ventre, ma è sempre 1. Gli alchimisti lo dividono in 4, i teosofi in 7, altri ancora in 9 o in 12, ma è sempre 1. Chi ha ragione? Hanno ragione tutti; dividano pure l'uomo in tante parti quante vogliono, ma sarà sempre l'1.

Lavorate dunque sull'1, perchè non c'è nè 2 nè 3. Anche se lo dividete all'infinito con gli organi, i nervi, i capillari, le cellule e gli atomi delle cellule non uscite dall'uomo, cioè dall'unità. È dunque l'unità che è interessante, perchè quando dividete l'uomo lo mutilate, lo mortificate, lo disgregate, mentre se lo vedete sempre nella sua unità gli conservate la vita ed il vigore. Il numero 1 è l'armonia, la pienezza, l'immortalità, mentre gli altri numeri portano già la disgregazione. Il 2 è la guerra, l'antagonismo, il bene e il male, Ormuzd e Ahriman, il giorno e la notte. Il 3 li riconcilia per un momento, è il figlio che dice: «Papà, mamma, non litigate!...» e li abbraccia. Allora, per amore del figlio, i due fanno pace per un po' ma poi ricominciano a discutere, anche con il figlio. Sapete come vanno le cose!... Poi c'è una figlia, il 4 e di nuovo c'è la guerra perchè la madre preferisce il figlio e il padre la figlia; e ricominciano le discussioni, non è mai finita...

È solo nell'1 che si trova la pace, perciò dovete imparare a superare il bene e il male. Il bene non è sufficiente, poichè finora non è riuscito a risolvere il problema del male, perchè è sempre in guerra contro il male senza mai arrivare a trionfare su di lui. E nemmeno il male arriva ad atterrare il bene: lo brucia, lo perseguita e lo massacra, ma il bene rinasce sempre, cresce e si propaga ovunque, perchè anche lui è tenace! Dunque non c'è niente da fare con il bene e il male, bisogna esserne al di sopra.

D'altra parte, nei tempi antichi gli Iniziati predicavano solo questa filosofia dell'unità. Solo più tardi è apparsa la dualità: nella religione dei Persiani per esempio, il Manicheismo, o nel cristianesimo che presenta il Diavolo come un avversario di Dio. Dio non ha avversari e non può averne: tutto s'inclina davanti a Lui, tutto Gli obbedisce perchè Egli è il Creatore. Noi forse abbiamo degli avversari, perchè siamo ignoranti e trasgrediamo continuamente le leggi, ma Dio no!

Al di sopra della dualità, della polarità, c'è l'1. Non vi ho mai detto di non studiare gli altri numeri, no, bisogna studiarli, però sapendo che sono solo aspetti, manifestazioni dell'1, e bisogna tornare sempre all'1. Vi è ancora difficile capirmi, ma un giorno mi capirete. Per il momento tenete in mente solo che i diversi numeri esistono isolatamente solo nelle classificazioni, nelle analisi, negli schemi, ma che in realtà tutto è compreso nell'1.

VI

LE TRE GRANDI TENTAZIONI

«Allora Gesù fu condotto dallo Spirito nel deserto per essere tentato dal diavolo. Dopo aver digiunato quaranta giorni e quaranta notti, ebbe fame. Il tentatore gli si avvicinò e gli disse: Se sei Figlio di Dio, ordina che queste pietre diventino pane. Gesù rispose: È scritto: L'uomo non vivrà di solo pane, ma di ogni parola che esce dalla bocca di Dio. Il diavolo lo trasportò nella città santa, lo pose sulla sommità del tempio, e gli disse: Se sei Figlio di Dio, gettati giù, poichè sta scritto: Ai suoi angeli darà ordini a tuo riguardo ed essi ti porteranno sulle loro mani perchè il tuo piede non abbia a urtare contro un sasso. Gesù gli disse: Sta scritto anche: Non tentare il Signore Dio tuo. Di nuovo il diavolo lo condusse sopra un monte altissimo, gli mostrò tutti i regni del mondo con la loro gloria e gli disse: Io ti darò tutte queste cose se, prostrandoti, mi adorerai. Gesù gli disse: Vattene Satana! Infatti è scritto: Adora il Signore Dio tuo e servi solo Lui. Allora il diavolo lo lasciò, ed ecco, degli angeli vennero vicino a Gesù e lo servirono.»

Mat. IV : I – II

«Gesù fu condotto dallo Spirito nel deserto per essere tentato dal diavolo.» Ecco un punto che bisogna interpretare. Se è lo Spirito stesso (lo Spirito Buono) che ha condotto Gesù nel deserto per esservi tentato, questo prova che gli spiriti detti maligni perchè ci tentano e ci portano delle prove, in realtà sono degli operai di Dio incaricati di compiere la volontà delle entità più evolute di loro.

D'altra parte non è l'unico esempio nella Bibbia in cui si parli del ruolo del diavolo. Nel libro di Giobbe è riportata una conversazione tra Dio e Satana. È scritto : «Ora, i figli di Dio vennero un giorno a presentarsi davanti all'Eterno, ed anche Satana venne in mezzo a loro.» Satana in persona dunque assisteva a questa riunione, e perchè vi fosse ammesso doveva ben essere qualcosa, perchè Dio non riceve chiunque nelle Sue assemblee! «L'Eterno disse a Satana : da dove vieni? E Satana rispose all'Eterno : da un giro sulla terra che ho percorsa. L'Eterno disse a Satana : Hai fatto attenzione al mio servo Giobbe? Non cè nessuno come lui sulla terra ; è un uomo integro e retto, che teme Dio ed è alieno dal male. E Satana rispose all'Eterno: Forse che Giobbe teme Dio in modo disinteressato? Non hai forse protetto lui, la sua casa e tutto quanto è suo? Tu hai benedetto il lavoro delle sue mani e il suo bestiame copre il paese; ma stendi la mano, tocca un po' tutto quanto gli appartiene, e sono sicuro che ti maledirà in faccia. L'Eterno disse a Satana: Ecco, tutto quanto possiede è in tuo potere, ma non stendere la mano su di lui.»

Questa conversazione prova che il diavolo è al servizio del Signore. Conoscete il seguito e sapete tutte le disgrazie che capitarono allora a Giobbe; perse tutto quello che possedeva: i figli, il bestiame, le case, ecc... ma egli non si ribellò. Qualche tempo dopo ci fu un'altra riunione dei figli di Dio, e il Signore disse a Satana: «Allora, vedi, non ci sei riuscito: Giobbe mi resta fedele. – Oh, non ho avuto successo perchè gli resta sempre la salute; ma se gli tolgo la salute si ribellerà. – Va bene, prova, disse il Signore, ma non prendergli la vita.» Giobbe subì dunque sofferenze terribili, abbandonato da tutti, seduto su un mucchio di letame, con il corpo ulcerato, ma non si ribellò. Colpito dalla sua fedeltà, Dio gli rese tutto: i figli e le figlie, le case, il bestiame, le ricchezze, la salute ed anche più di prima, e tutti gli amici che si erano beffati di lui, che l'avevano criticato, tornarono ad inchinarsi davanti a lui.

Certi teologi e religiosi sono stati così turbati nello scoprire Satana in conversazione con il Signore, che hanno pensato di sopprimere dalla Bibbia questo libro che contraddiceva tutte le loro concezioni. In realtà, questo racconto fa riflettere ; e quelli che riflettono sono costretti a riconoscerne la profondità. È un'intera miniera! D'altra parte Goethe ha ripreso nel «Faust» l'idea del libro di Giobbe, e anche quest'opera inizia con una conversazione tra Dio e Mefistofele a proposito di Faust.

È molto interessante notare in questo racconto che Dio, autorizzando Satana a tormentare Giobbe, mise delle condizioni : la prima volta Satana aveva il diritto di toccare solo i beni di Giobbe, non doveva toccare la sua persona, e infatti gli tolse i greggi, i servitori, i figli. La seconda volta Satana ottenne dal Signore di coprire Giobbe di piaghe, ma doveva lasciargli la vita. Ogni volta Satana ha obbedito, non ha fatto a Giobbe niente più di quello che era convenuto, e questo prova bene che tutti quelli che chiamiamo diavoli o spiriti maligni, sono degli operai che compiono la volontà di Dio. Tutti coloro che scendono accanto agli uomini per provarli, tentarli, farli soffrire, sono impiegati, funzionari che sono venuti per dar loro delle lezioni, per farli evolvere.

Torniamo adesso al testo del Vangelo. Sorge un problema: non era un uomo comune, ma Gesù che lo Spirito ha condotto nel deserto per esservi tentato. Perchè? Sembra in contraddizione con quello che credono molti cristiani, e cioè che Gesù fosse Dio stesso. Se Gesù fosse stato Dio stesso, come avrebbe potuto essere sottoposto a tentazione? Forse il Cielo non lo conosceva? Allora non era molto al corrente, dato che aveva bisogno di vedere se Gesù avrebbe saputo resistere o soccombere.

In realtà, il Cielo è perfettamente al corrente di tutto quello che ci concerne: la nostra potenza, pazienza, resistenza, saggezza, perchè conosce la qualità della materia con la quale siamo fatti, proprio come i fisici conoscono le proprietà dei metalli: il loro peso, la loro densità, la loro temperatura di fusione, ecc... Certi metalli possono resistere a una temperatura elevata, altri no. Succede la stessa cosa con gli uomini. Noi tutti siamo fatti di una materia speciale, e il Cielo sa benissimo se potremo resistere alle diverse tentazioni della vita. Non ha bisogno di metterci alla prova per saperlo, ma siamo noi che abbiamo bisogno di conoscere la nostra potenza, la nostra fedeltà, la nostra bontà oppure la nostra debolezza, la nostra cattiveria, e prendere coscienza della necessità di migliorarci. Se veniamo messi alla prova è per noi stessi.

Nel corso dell'ininterrotta evoluzione che deve condurlo fino alla sommità, l'uomo deve attraversare delle prove per poter sviluppare tutte le sue possibilità interiori; è dunque necessario che prenda prima coscienza di queste possibilità. Come deve subire certi processi di crescita e passare da certe tappe della vita fisica, così, qualunque sia il suo grado d'evoluzione, ogni essere che scende sulla terra deve attraversare prove diverse per fortificarsi spiritualmente. L'unica differenza tra gli uomini è che ognuno attraversa queste prove secondo il suo grado di evoluzione: alcuni sanno approfittarne, altri no. Alcuni traggono un beneficio da tutto, acquisiscono delle ricchezze, mentre altri soccombono e non si trasformano. Gesù ha dovuto attraversare le stesse prove degli altri uomini; forse non aveva bisogno d'imparare, ma aveva bisogno di passarle.

La natura delle tentazioni che Gesù ha dovuto subire e le risposte che ogni volta ha dato al diavolo, sono molto significative; dobbiamo prestare una grande attenzione a questo testo, per sapere adottare lo stesso atteggiamento di Gesù e dare le stesse risposte, al fine di superare vittoriosamente le prove che si presenteranno inevitabilmente davanti a noi.

Riprendiamo in modo più dettagliato queste tre tentazioni. Il diavolo ha chiesto a Gesù :

1) di trasformare le pietre in pane,

2) di gettarsi dalla sommità del tempio, con la convinzione che il Signore gli avrebbe mandato i Suoi angeli per proteggerlo. Ma, beninteso, il tempio è simbolico ; il diavolo non ha trasportato fisicamente Gesù sulla sommità del tempio per chiedergli poi di buttarsi giù,

3) di prosternarsi davanti a lui e adorarlo, per ottenere in cambio tutti i regni del mondo e la loro gloria, che gli mostrava dalla cima della montagna. Anche in questo caso la montagna è simbolica.

Queste tre prove sono legate rispettivamente allo stomaco, al cuore e alla testa, cioè al piano fisico, al piano astrale e al piano mentale.

Nella propria esistenza ogni essere umano attraversa queste tre fasi dello stomaco, del cuore e della testa. Quando è bambino, vive costantemente al livello dello stomaco : non fa che mangiare, e il suo desiderio di assaggiare lo spinge a mettere tutto in bocca. Quando diventa più grande è il cuore che vuole manifestarsi ; egli vive nell'amore e nella fede, è spinto a gettarsi nelle passioni ardenti del cuore con la speranza

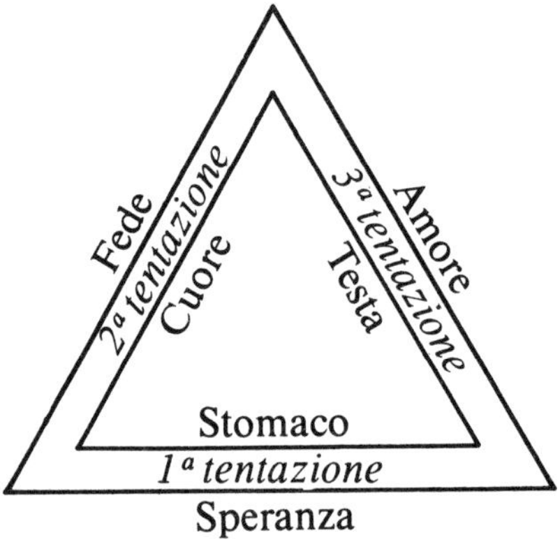

che Dio gli manderà degli angeli a proteggerlo e che, anche se cade, questi angeli lo rialzeranno e lo cureranno. Crede che il Cielo farà un'eccezione per lui perchè è sul tempio della religione dell'amore, della venerazione e dell'adorazione... per un'adorabile creatura effettivamente, ma che non è esattamente il Creatore.

L'infanzia dunque è legata al problema del nutrimento e l'adolescenza a quello dei sentimenti... Arrivato all'età adulta l'uomo pensa e riflette, ha maggiore esperienza, sapere, autorità, si sente arrivato in cima e tende a diventare duro, severo ; vuole essere obbedito ed è tentato di credere che tutto il mondo debba riconoscerlo come padrone, come maestro. Affronta così la terza tentazione, che viene dalla testa : la cima della montagna.

Queste tentazioni non sono state presentate solo a Gesù, tutti i Maestri e i discepoli le incontrano sul proprio cammino. Quanti occultisti sono spinti a vendere le proprie conoscenze o a servirsi dei poteri che hanno acquisito, per guadagnarsi da vivere!... Altri si sentono talmente sicuri di sè stessi da voler tentare Dio; credono che, qualunque cosa facciano, il mondo invisibile veglierà su di loro e non esitano a gettarsi da molto in alto, convinti che saranno protetti. Ma è un errore, perchè il mondo invisibile non protegge gli insensati. La terza tentazione corrisponde ad un'altra tappa. In certi periodi il discepolo, l'occultista, ha acquisito numerose conoscenze, simbolicamente parlando ha raggiunto la cima della montagna; da lassù vede il mondo, si sente capace di dominarlo per impadronirsi della gloria e delle ricchezze, e si crede uguale a Dio.

Dato che siamo costretti ad affrontare le tentazioni che ci vengono dallo stomaco, dal cuore e dalla testa, come dobbiamo comportarci per uscirne vincitori? Come dobbiamo rispondere agli spiriti, cioè ai pensieri e ai desideri inferiori che ci assalgono? Vedremo che Gesù in queste tre risposte ha dato le regole della magia bianca.

Al primo suggerimento del diavolo, quello di trasformare le pietre in pane, Gesù ha risposto: «L'uomo non vive di solo pane ma di ogni parola che esce dalla bocca di Dio.» In realtà il cibo è un simbolo; esiste certamente un nutrimento fisico per lo stomaco, ma l'aria, i profumi, i suoni, la luce, i colori sono pure degli alimenti per i polmoni, il naso, le orecchie, gli occhi, ecc... Sono nutrimenti più sottili di quello fisico, e dovete sapere che nel mondo esistono creature che si nutrono così, di suoni, di profumi e di colori.

Ordinariamente gli uomini s'immaginano che non esista altro al di fuori del regno dei minerali, dei vegetali, degli animali e degli uomini. Non sospettano nemmeno l'esistenza di regioni invisibili, popolate da creature diverse da loro e da tutto quello che conoscono. In realtà l'universo intero è pieno delle creature più straordinarie, che certi esseri molto avanzati hanno potuto contemplare e conoscere. Direte che è difficile credere all'esistenza di entità che si nutrono di luce, di colori e di suoni. Evidentemente per gli uomini i colori, i suoni, la luce, non sono alimenti molto sostanziosi, ma per esseri fatti di materia molto sottile e tenue sono realmente delle forze, delle potenze, degli alimenti. Quello che dovete sapere soprattutto, è che esiste una corrispondenza fra suoni, colori, profumi e i pensieri e i sentimenti degli uomini, perchè i pensieri e i sentimenti producono nel mondo eterico dei colori, dei profumi e dei suoni... Questo è tutto un mondo da studiare, un mondo vasto, d'una varietà e ricchezza infinite. E sono queste corrispondenze che possono spiegare i fondamenti della morale e della religione.

Ora diventa chiara la risposta di Gesù allo spirito maligno: l'uomo non si nutre solo di pane ma della parola di Dio, cioè di colori puri, di suoni armoniosi, di profumi sottili. È così che Gesù ha potuto nutrirsi durante quei quaranta giorni, ed anche per tutta la vita.

I diversi stati della materia si succedono gli uni agli altri senza interruzione, e come una forza può cristallizzarsi in forme, così la materia può essere disintegrata e diventare nuovamente energia. Riprendiamo l'esempio del cibo. Un frutto che mangiamo si trasforma in forze che vanno a sostenere non solo la vita psichica ma anche la vita mentale e affettiva; grazie a queste forze possiamo parlare, amare, pensare ecc... e questo prova che si può trasformare una materia grossolana in una materia più sottile, ed anche ridurla allo stato di luce. È ugualmente possibile fare l'inverso, cioè trasformare la luce in pensieri, in sentimenti e in cibo. Evidentemente solo gli Iniziati sono capaci di operare coscientemente questa trasformazione, ed è per questo che possono restare per lunghi periodi senza cibo solido: prendono la luce dallo spazio, la condensano sempre più e se ne nutrono. Evidentemente è difficile, ma è possibile. In certi casi anche voi potete farlo, e d'altra parte lo fate a volte senza nemmeno rendervene conto. Vi succede di restare una giornata intera senza mangiare perchè siete talmente occupati, talmente ricolmi d'amore che vi sentite nutriti. È raro ma può succedere. In minima parte tutti gli uomini possono nutrirsi in questo modo; ogni saggezza, ogni amore, ogni pensiero divino sono un nutrimento: si trasformano e nutrono anche il nostro stomaco. Potete verificarlo.

Al secondo suggerimento del diavolo, di gettarsi dall'alto del tempio con la convinzione che Dio avrebbe inviato degli angeli per proteggerlo, Gesù rispose: «Non tentare il Signore, Dio tuo» che significa: non mettere alla prova la Sua fedeltà, la Sua protezione. Anche questo è molto importante. Quante persone, per il fatto di appartenere a una religione o di essere membri di un movimento spirituale, credono di godere nella vita di privilegi speciali che li pongono al di sopra delle leggi della natura o delle leggi della società. Credono che saranno protette dal Cielo qualunque cosa facciano: è sbagliato. L'unico ad essere protetto è colui che non si «getta» giù, perchè se si getta entra in azione un'altra legge. Siamo liberi prima di gettarci dall'alto del tempio, ma poi ci troviamo sottomessi a un'altra legge, e non siamo più liberi.

Immaginate un blocco di pietra o una roccia in cima ad una china: dal momento in cui lo fate oscillare è finita, non siete più liberi del suo movimento. Prima di pronunciare una parola o una promessa siete liberi, ma da quando è stata pronunciata essa diventa indipendente e non avete più alcun potere su di lei. Nello stesso modo, siete liberi di far nascere un figlio ma dal momento in cui l'avete fatto nascere vi sfugge, agisce come gli pare, a volte anche contro di voi: è indipendente, possiede una volontà propria. C'è libertà finchè l'azione non è compiuta, non dopo, perchè quando l'azione è cominciata si entra in un campo dove regna una legge favorevole o sfavorevole a noi e che s'impadronisce di noi. La seconda tentazione riguarda quindi la maniera di agire ragionevolmente e in armonia con le possibilità che ci offre la vita; possiamo agire intelligentemente o cercare di tentare il mondo invisibile. E credetemi, è preferibile non tentarlo.

Al terzo suggerimento del diavolo, che prometteva di dargli tutti i tesori della terra se avesse accettato di prosternarsi davanti a lui, Gesù rispose: «Vattene Satana! Infatti è scritto: Adora il Signore Dio tuo e servi solo Lui.» Ritroviamo in qualche modo la ripetizione della scena del peccato originale, in cui il serpente aveva promesso a Adamo ed Eva che disobbedendo a

Dio non solo non sarebbero morti, ma sarebbero diventati simili a Lui. Se il diavolo ha cercato di persuadere Gesù ad adorarlo, promettendogli in cambio le ricchezze e la gloria, è perchè voleva separarlo da Dio ; ha cercato di risvegliare in lui lo spirito d'orgoglio che aveva spinto una parte degli Angeli a insorgere contro il Creatore. Vedendo che non ci riusciva, si ritirò.

Dopo quest'ultimo fiasco il diavolo sapeva che non c'era più niente da fare, perchè l'Iniziato che è arrivato a vincere in sè l'orgoglio è incorruttibile. Sì, perchè l'orgoglio è la debolezza più difficile da vincere : simile al lichene che si aggrappa alle sommità delle alte montagne, l'orgoglio accompagna gli Iniziati fino in cima. Quanti sono caduti per orgoglio, fieri del loro sapere, delle loro virtù, dei loro poteri ! Hanno persino finito per credere di essere Dio stesso, onniscienti e onnipotenti, e si sono messi contro di Lui. Contro la tentazione dell'orgoglio Gesù ha dato questa risposta magica : «Adora il Signore Dio tuo e servi solo Lui.»

Le tre tentazioni alle quali lo spirito maligno ha sottomesso Gesù riguardano dunque lo stomaco, il cuore e l'intelletto. Vi ho detto che anche noi saremo necessariamente sottoposti a queste tentazioni, e per superarle non dobbiamo contare che su tre: la speranza, la fede e l'amore.

La speranza è legata allo stomaco, è lei che può cambiare le pietre in pane perchè possiede il potere di trasformare la materia.

La fede è legata ai polmoni e al cuore: questo è il tempio dove Dio abita. Quando Gesù ha risposto al diavolo: «Sta scritto anche: non tentare il Signore Dio tuo», affermava la propria fede nel Signore che vive dentro di lui, rifiutando di mettere alla prova questa fede commettendo un'atto talmente insensato come quello di gettarsi giù dall'alto del tempio.

La terza tentazione che riguarda la testa, può essere superata solo con l'amore. Salire sulla montagna, cioè alla sommità (la testa) significa essere sapiente, possedere l'autorità e la potenza. Chi è arrivato a questo punto è tentato dall'orgoglio: solo l'amore verso Dio può salvarlo da questa tentazione.

La speranza, la fede, l'amore sono tre grandi armi che ci permettono di trionfare sulle prove. La speranza è l'arma magica contro gli incidenti della vita materiale, le privazioni, le perdite o le miserie; la fede ci permette di sentire in noi la presenza di Dio senza aver bisogno di tentarLo per assicurarci che ci protegge; l'amore ci permette di restarGli fedele e di sfuggire al peccato di orgoglio.

Ora vorrei tornare su un punto che ho sfiorato poco fa: tutti quelli che vengono chiamati diavoli o spiriti maligni, in realtà sono solo operai che compiono la volontà di Dio.

Vi darò un'immagine. Certamente avete già visto in campagna, vicino ad un villaggio, una ragazzina che fa pascolare le mucche: è seduta e lavora a maglia, legge o sta senza far nulla, e ai suoi piedi è accovacciato un grosso cane che la guarda con amore, pronto a fare tutto quello che la ragazza gli chiede. Le mucche che sono molto sagge, molto intelligenti – capite – se ne stanno là tranquille: tutto va bene. Ecco però che una mucca si dirige verso il campo del vicino; non va bene, ci saranno delle complicazioni! Allora la ragazzina ordina al cane: «Vai, mordila!» E il cane obbediente, si alza abbaiando e si precipita sulla mucca per mordicchiarle le zampe. Evidentemente la mucca, che ha paura del cane, torna immediatamente nel campo del padrone e il cane, tutto contento, torna ed accovacciarsi vicino alla ragazzina. Un momento dopo un'altra mucca s'allontana, e di nuovo la ragazzina manda il cane... Perchè la mucca evidentemente non ha il diritto di trasgredire le regole e di uscire dal prato, anche se l'erba del vicino lc sembra più appetitosa. Se esce le viene mandato dietro il cane.

È esattamente la stessa cosa con quel signore

là, il diavolo; quando gli uomini cominciano a trasgredire certe regole, succede loro quello che succede alle mucche che vanno nel prato del vicino: il diavolo si precipita su di loro. Direte: «Come? ma allora siamo delle mucche?» E perchè no? Gli uomini sono stati posti in un campo per pascolarvi saggiamente; se cominciano a entrare in regioni che sono loro proibite, trasgrediscono certe leggi e ci sono dei cani che ricevono l'ordine di perseguitarli per farli ritornare. Ecco allora le prove, le sofferenze: arrivano perchè c'è stata una trasgressione. Se l'uomo è puro, non c'è ragione perchè abbia delle disgrazie, ma siccome trasgredisce spesso le leggi, anche senza saperlo, ecco il grosso cane che arriva: è enorme, è cattivo, ma obbedisce alla pastorella. Dal momento in cui l'uomo diventa un servitore di Dio, il cane c'è ancora ma non lo morde più, si mette al suo servizio.

Eh sì, dovete saperlo, i diavoli e tutti gli spiriti infernali sono servitori di Dio. Credete che siano gli angeli che si occupano di punire? Hanno ben altre cose da fare! Sono i diavoli che vengono a tormentare gli uomini quando questi turbano l'ordine divino; e quando l'uomo ha ristabilito l'ordine in sè, quando si è messo di nuovo in armonia con i progetti di Dio, non vengono più. Ecco perchè Dio non vuole distruggere quegli esseri: perchè sono utili. Sono come quegli insetti che, quando ci sono delle sporcizie e delle impurità da qualche parte, vengono a mangiarle; proprio così, puliscono il terreno! Ma da quando si tolgono queste sporcizie, essi non vengono più perchè più niente li attira.

Finchè gli uomini trasgrediscono le leggi divine, gli spiriti infernali verranno a tormentarli. Non sono nè gli angeli nè gli arcangeli che hanno l'incarico di rimettere le cose in ordine e di rendere saggi gli uomini; hanno provato, hanno chiesto, spiegato, ma gli uomini non li hanno ascoltati, hanno tenuto loro testa e ora non tocca a loro punire. Vivono solo nell'armonia, nella bellezza, nella perfezione, ma dicono ad altri: «Ora tocca a voi, coraggio!» E gli altri obbediscono, sono fedeli alla consegna perchè hanno promesso di compiere la volontà di Dio. Questi «altri» sono i diavoli, i demoni, gli angeli sterminatori. Evidentemente direte che nell'Apocalisse di S. Giovanni è scritto che erano degli angeli a portare i flagelli all'umanità; sì, ma erano così potenti che in realtà bastava che facessero un segno perchè altre forze entrassero in azione e devastassero la terra.

Anche i saggi, i santi, i profeti sono stati tormentati da spiriti maligni, inviati loro per provarli e renderli più forti attraverso queste prove. Questi spiriti sono dei servitori, vanno dove sono mandati, obbediscono a un ordine; anche quelli che devastano la terra con disgrazie e malattie sono mandati da esseri che vegliano affinchè le leggi siano rispettate. Ma quando gli uomini rientrano nell'ordine, questi spiriti li lasciano ; sono costretti a farlo perchè non fanno quello che vogliono, non ne hanno il diritto. Ecco cosa s'impara nella vera Scienza iniziatica.

VII

IL PROBLEMA DEGLI INDESIDERABILI

Nella pagina del Maestro Peter Deunov che vi ho letto stamattina, c'è una frase sulla quale vorrei soffermarmi, e precisamente questa: «Il male è simile a degli inquilini che sono entrati in casa vostra e ci restano per anni senza pagarvi l'affitto...» Questa frase può stupire molta gente, perchè l'idea che l'essere umano sia abitato da entità a lui estranee non è molto diffusa. Tuttavia è molto importante che lo sappiate; perchè è importante? Ma per la vostra salute, per la vostra libertà, per la vostra salvezza.

Nei Vangeli Gesù dice: «Se rispettate i miei comandamenti, mio Padre ed io faremo in voi la nostra dimora.» Ciò significa dunque che l'essere umano è costruito in modo tale da poter ospitare in sè altre entità. E se queste entità possono essere il Signore, lo Spirito Santo, il Cristo, purtroppo possono essere anche spiriti del male, i diavoli. I Vangeli ne parlano molto chiaramente.

Conoscete la storia di Maria Maddalena che

Gesù ha liberato da sette demoni; si dice sette, ma avevano con sè una folla di servitori, era tutta una legione d'indesiderabili. Vengono chiamati così, ma all'inizio erano molto desiderabili!... Sì, Maria Maddalena aveva fatto di tutto per attirarli, per invitarli. Direte: «Ma non è possibile! Non conosceva l'esistenza di questi spiriti...» No, è vero, ma siccome era ignorante non sapeva che con il suo modo di vivere, la sua abitudine di sedurre gli uomini, invitava gli spiriti maligni. Una volta invitati, s'installano per essere alloggiati e nutriti gratuitamente: mangiano, bevono, poi sporcano tutto, rompono i mobili e le stoviglie – in modo simbolico naturalmente.

Quando Gesù ha incontrato Maria Maddalena, ha visto che non era una cattiva donna, che anzi era buona e generosa, e che forse era a causa di questa bontà che aveva accettato di servire gli uomini... ma in uno strano modo, evidentemente. D'altra parte, se osserviamo un po' quel genere di donne, le prostitute, ci accorgiamo che hanno spesso delle grandi qualità. Ma nello stesso tempo le poverine mancano talmente d'intelligenza e discernimento, sono così deboli e influenzabili da diventare delle vittime, perchè ci sono sempre altri che approfittano della loro debolezza. E poi la società è molto crudele verso di loro.

Gesù dunque ha deciso di liberare Maria Maddalena da questi spiriti maligni, perchè ha visto che una volta liberata avrebbe fatto del bene a molti altri che appartenevano al suo stesso ambiente; infatti ogni essere è sempre in relazione con gli abitanti della regione, dell'ambiente al quale appartiene. Quando cade ne trascina molti altri con sè, e quando si eleva li eleva ugualmente. La potenza del bene e del male viene dal fatto che non sono isolati: il male ha ramificazioni, relazioni, legami incalcolabili, ed anche il bene. Per questo ogni essere è responsabile di quello che fa, di quello che pensa e delle sensazioni che prova.

Conoscete anche la storia dell'indemoniato. Gesù, rivolgendosi allo spirito che lo abitava, gli chiese quale fosse il suo nome. «Legioni» rispose, perchè molti demoni erano entrati in lui e gli facevano commettere atti insensati: correva sulle montagne urlando e senza vestiti, si tagliuzzava il corpo con delle pietre ecc... Ma non vale la pena che vi parli di tutti i casi di possessioni che sono nominati nell'Antico e nel Nuovo Testamento, questi esempi sono sufficienti. In tutta la letteratura esoterica, troverete un gran numero di racconti che narrano come degli spiriti hanno preso possesso di certe persone per tormentarle, indebolirle, distruggerle, e in ogni religione troviamo anche dei riti di esorcismo con preghiere e formule appropriate. Fin dalla creazione del mondo si sa che l'essere umano non è uno stabile vuoto, ma alloggia dentro di sè un gran numero di altri abitanti.

Gli indesiderabili sono dunque creature di un ordine inferiore, che s'installano nell'uomo e gli ispirano ogni genere di atti riprovevoli e insensati, fino ad annientarlo; una volta che l'uomo è abitato da questi, non può più sbarazzarsene ed è loro prigioniero. A volte per grazia divina, o quando ha già pagato il suo karma ed è giunto al termine, gli amici del Cielo lo aiutano a cacciarli via, ma è raro, molto raro; bisogna averlo meritato, bisogna aver fatto degli sforzi. E ora, se andate a dire agli uomini che hanno invitato degli spiriti malefici ad abitare in loro, non solo non vi crederanno ma vi prenderanno in giro o andranno su tutte le furie. Purtroppo è la verità, la pura verità. Non voglio descrivervi questi spiriti, le loro forme, le loro emanazioni, perchè parlandone ci si lega ad essi, li si vivifica, li si rende presenti; vi dirò solo come l'uomo li attira: ogni volta che non è di una purezza irreprensibile nei suoi pensieri, sentimenti ed azioni, prepara le condizioni per far venire questi indesiderabili.

Prendiamo un esempio della vita quotidiana. Quando avete un tavolo ben pulito, nessuna bestiola verrà a camminarci sopra; ma se per disattenzione lasciate in giro degli alimenti, vedrete come arriveranno di corsa bestiole d'ogni genere, soprattutto se trovano qualche piccola fessura o qualche buchetto attraverso cui introdursi. Ancora un altro esempio: quando studiamo la zoologia, constatiamo che ogni specie animale (insetti, belve, mammiferi, rettili, uccelli) ha un cibo ben determinato. Alcuni mangiano semi, altri erba, carne o vermi, ed alcuni come gli sciacalli, le iene e gli avvoltoi si nutrono di cadaveri. Per poter nutrire gli animali, bisogna dunque conoscere gli alimenti che vanno bene per loro. Questi fenomeni spiegano che se mantenete in voi certi pensieri, desideri e sentimenti che non sono nè luminosi nè puri, immediatamente arrivano determinate entità alle quali piacciono quelle impurità, e si stabiliscono in voi per nutrirsene; ma se vi purificate, se diventate ragionevoli, queste entità vi lasciano e finalmente cominciate a respirare. Vedete, è così chiaro! Pochissimi però sanno leggere in questo libro della natura vivente che è là aperto davanti a loro. Direte che sono solo piccoli particolari, sì, ma le loro applicazioni nella vita psichica sono immense.

Ogni pensiero, ogni sentimento che attraversa l'uomo, emette delle correnti elettromagnetiche favorevoli al bene o al male. È così che l'uomo può attirare gli spiriti più luminosi, più evoluti e respingere le creature malefiche che sono inghiottite nel centro della terra; oppure al contrario, attira le larve, gli elementali, i demoni e allora gli spiriti luminosi che erano venuti ad aiutarlo se ne vanno, perchè non possono sopportare le emanazioni nauseabonde provocate dagli altri. Purtroppo questo argomento non è molto conosciuto e quest'ignoranza è la causa di molte disgrazie.

Poichè la scienza ufficiale non è arrivata ad ammettere l'esistenza di queste creature invisibili, poichè riduce tutto quello che accade nell'uomo a processi chimici e fisici, non otterrà grandi risultati. In realtà, ve l'ho già detto, gli stessi processi chimici e fisici sono la conseguenza di processi psichici; sì, sono soltanto conseguenze. Evidentemente i biologi non sono riusciti a scoprire questi indesiderabili con bisturi, lenti e microscopi, ma non è una ragione per negare la loro esistenza; il fatto che non li abbiano visti non significa che non esistano.

Se sapeste tutte le entità che i chiaroveggenti vedono entrare e stabilirsi negli esseri umani! Gli uomini non le vedono ma se fossero più vigili, se avessero l'abitudine di analizzarsi, si renderebbero conto in quale momento un'entità negativa sta entrando in loro e quali sono tutti gli sconvolgimenti che essa provoca. Quando vi sentite improvvisamente turbati, infelici o invasi dai desideri e sentimenti più inferiori, significa che siete visitati dagli indesiderabili. E perchè siete visitati? Perchè avete preparato del cibo per loro.

Il nostro corpo fisico è come una casa con una quantità di piani, tutti abitati. La cantina, il pianterreno, il primo, il secondo, il terzo piano, ecc... hanno i loro abitanti; ed anche lassù, sulla terrazza, si trovano ancora altri abitanti con degli apparecchi per osservare le stelle, il sole, la luna e trasmetterci dei messaggi. Vi ho spiegato un giorno che la differenza tra le diverse categorie di uomini (i bruti, gli uomini ordinari, gli uomini di talento, i geni, i santi, gli Iniziati ed i Maestri) deriva dal numero e dalla qualità degli abitanti che essi hanno attirato, e dalla maggiore o minore armonia che regna tra questi abitanti. Possiamo anche paragonare questo fenomeno a quello che succede in una famiglia. Evidentemente al giorno d'oggi i membri di una stessa famiglia non vivono più talmente insieme ma in passato, dai bisnonni ai pronipoti, tutti erano ammucchiati in una stessa casa. E così è la casa interiore dell'uomo.

Qualche volta dite: «Non so perchè, ma ho l'impressione che in me ci siano due esseri: quando viene l'uno sono buono, dolce, comprensivo e tutti ne sono stupiti... Ma quando si manifesta l'altro sono spaventoso!...» Ce ne sono molti, più di due che possono manifestarsi, ma prendiamone solo due. Nè la psicanalisi nè la fisiologia possono spiegare l'esistenza di queste manifestazioni contraddittorie nell'uomo. Si studiano le cellule, ma non si sa tutto quello che c'è come abitanti in queste cellule. Quando i biologi studiano la cellula, in realtà studiano solo la casa dell'essere che l'abita ; si accontentano dunque di descriverne la forma (esagonale, rotonda, ecc...), la struttura (membrana, citoplasma, nucleo) e gli scambi con l'esterno, senza saper nulla dell'anima che l'abita nè della vita che circola in quest'anima. Eppure è qui la spiegazione di tutto quello che avviene nell'uomo. Siamo fatti di una moltitudine di abitanti, ma nell'insieme possiamo dividerli in due categorie, buoni o cattivi, che si presentano a turno.

Immaginatevi una famiglia con due fratelli : uno è meraviglioso e l'altro quasi un mostro. Evidentemente i genitori che sono buoni, onesti e intelligenti si strappano i capelli perchè non capiscono da dove sia capitato loro questo figlio spaventoso, nè come sia possibile che due fratelli siano cosí diversi l'uno dall'altro. È solo perchè i genitori li hanno invitati entrambi. E come? Facilissimo : i genitori, dato che non conoscevano molto bene le leggi del karma, in una precedente incarnazione hanno contratto un debito verso una creatura che ora è venuta da loro per essere nutrita, servita e riverita. Perciò devono curare questo figlio, preoccuparsi per lui e pagare per tutte le stupidaggini che fa.

Anche noi, interiormente, siamo come una famiglia numerosa con figli, genitori, nonni, ecc... e se ci osserviamo è incredibile tutto quello che possiamo scoprire su questa famiglia che si ammucchia in noi! Uno alla volta vengono a parlare, gesticolare, protestare; vale veramente la pena di tenere un memoriale!... Dunque, se adesso ci sono degli indesiderabili che abitano in noi, è perchè li abbiamo attirati trasgredendo certe leggi, e ora che ci sono dobbiamo educarli. Sì, è difficilissimo sbarazzarsi di loro; bisogna solo educarli, fare grandi sacrifici per loro, perchè dobbiamo loro qualcosa. Evidentemente amano molto intrufolarsi ovunque di frodo, ma toccava a noi non lasciarli penetrare; gli spiriti luminosi, invece, non entrano mai se non viene loro chiesto, ma gli altri non rispettano alcuna legge ed entrano senza domandare permesso.

Contro questi spiriti maligni, gli Iniziati si servono a volte di procedimenti magici e di pentacoli. Se avete letto «Faust» (evidentemente Faust non era un grande iniziato, però possedeva delle conoscenze occulte), avete visto che aveva posto un pentagramma al di sopra della sua porta, per impedire agli elementali di entrare ed ai buoni spiriti di uscire. Per proteggersi, esistono dei pentacoli che possono essere utilizzati dopo averli preparati per mezzo di formule e riti magici, e molti occultisti si servono del pentagramma. Nella vita corrente vedete dei cartelli: «divieto d'accesso», «proprietà privata», «vietato lo scarico dei rifiuti»... Esattamente la stessa cosa avviene nel campo spirituale, solo che questi divieti sono indicati da simboli e talismani che gli spiriti capiscono e rispettano; invece i cartelli degli uomini non sono sempre molto efficaci. Anche se è scritto che è vietato depositare rifiuti, la gente viene a farlo durante la notte; se in un treno è scritto «vietato fumare», tutti fumano, e così via. Gli Iniziati invece hanno dei mezzi di protezione molto più efficaci dei cartelli e se gli spiriti oltrepassano i loro divieti, sono folgorati.

Allora, adesso questo argomento diventa più chiaro per voi? Non si vuol credere all'esistenza degli indesiderabili, ma che lo si voglia o no, accadono continuamente fenomeni e manifestazioni d'ogni genere che provano la loro esistenza. I vizi, per esempio: cosa sono i vizi? Tutti riconoscono la realtà dei vizi, ma come spiegarli?... C'è un uomo che possiede bontà, intelligenza, istruzione e ogni genere di qualità ma insieme a queste, ha un teribile vizio che non riesce a vincere; eppure fa sforzi straordinari, ma quando arriva il momento soccombe di nuovo. In tutti gli altri campi può essere eccezionale, avere del talento, essere musicista, artista, ma ecco che è un ubriacone – supponiamo – e non può impedirsi di bere. Come Chaliapine per esempio... che voce aveva! Ma beveva... Altri hanno la passione del gioco: la roulette, il baccarà, e si rovinano al gioco. Come spiegarlo? Lo spiegheranno con non so quale complesso psicologico o con una cattiva abitudine che l'uomo ha ereditato dalla famiglia o imitato dal suo ambiente, ma in realtà questo non spiega niente.

La scienza ufficiale non è ancora in grado di spiegare questi fenomeni; solo la Scienza iniziatica è capace di farlo, e vi dirà che quel certo vizio è la manifestazione di esseri invisibili che l'uomo deve nutrire perchè li ha invitati, li ospita, e ormai li ha talmente rafforzati che ne è assolutamente dominato, non arriva più a sbarazzarsene. Certo, cari fratelli e sorelle, i vizi non sono altro se non creature che si sono installate nell'essere umano per farne il loro schiavo. È possibile vincerli, padroneggiarli, ma per far questo sono necessarie una volontà ed un sapere straordinari.

Allora, quali sono i sistemi per non attirare gli indesiderabili? Il primo è la purezza (ma la purezza intesa in tutti i campi), poi il calore e la luce. La purezza li lascia morire di fame, perchè nella purezza non c'è nutrimento per gli indesiderabili; la luce li spaventa e li scaccia via, e il calore li fa seccare e li brucia. Evidentemente è un modo di dire. Avere la luce significa conoscere la realtà delle cose, quindi capire molto chiaramente il problema; il calore è avere molto amore per un ideale divino; la purezza è condurre una vita esemplare per non permettere a queste creature di attaccarsi ed installarsi in noi. D'altra parte se a questo punto esse cercano di intrufolarsi sono immediatamente respinte, perchè tutte quelle qualità di purezza, intelligenza e amore le allontanano.

Allora, vedete, l'Insegnamento ci porta tutto quanto è necessario per capire; ci mostra chiaramente che tutto dipende da noi, che anche se in passato abbiamo commesso degli errori che hanno consentito agli indesiderabili d'introdursi in noi, ci sono dei rimedi. Bisogna renderli ragionevoli, bisogna convincerli che invece di distruggere tutto nella nostra dimora, sarebbe preferibile che contribuissero ad abbellirla portandoci qualcosa: se sono musicisti ci diano la loro musica, se sono pittori ci portino i loro colori, se sono sapienti ci rivelino i segreti della natura. Infatti fra queste creature alcune possiedono un grande sapere e molte capacità, ma invece di aiutarci ci prendono le nostre forze; mentre gli spiriti luminosi, se vengono a stabilirsi in noi, ci danno tutto quanto possiedono. D'altra parte, fra questi buoni spiriti che vengono ad aiutarci molti appartengono alla nostra famiglia, sono nonni e nonne che vogliono sostenere i loro figli o i loro nipoti : sono loro che la Scienza iniziatica chiama gli «spiriti familiari». Anche qui ci vuole discernimento ; tra questi spiriti alcuni sono disinteressati ed evoluti, ma altri lo sono un po' meno. Quando un nonno, per esempio, ha fumato la pipa tutta la vita, desidera fumarla ancora attraverso il nipote, ed ecco il nipote che fuma la pipa ; non può sbarazzarsi di quest'abitudine perchè il nonno, dall'altra parte, è molto ostinato e ci tiene alla sua pipa ! Eh sì, quante cose da conoscere ancora !

Qualcuno dirà : «Gli indesiderabili ? Perbacco ! non sono affari miei.» Ma ecco che a sua insaputa gli indesiderabili lo dominano, e lo dominano bene !... Perciò bisogna che arriviate un giorno ad occuparvi seriamente di quest'argomento, che impariate come agire verso tutte queste entità malefiche, come educarle, istruirle... Scacciarli, ve l'ho detto, è difficile. E anche se ci si prova i risultati sono spesso peggiori ; bisogna quindi aiutarle o anche pregare per loro, dimostrando nei loro confronti molta buona volontà e molto amore, altrimenti s'infuriano e vi mettono a terra. Per cacciarle via bisogna essere molto forti, molto potenti, e prima di provarci è meglio parlar loro per cercare di trovare un'intesa. Certi chiaroveggenti l'hanno constatato. Quando una persona era tormentata da un'entità malefica e si rivolgeva a lei, pregava per lei o le leggeva alcuni passi dei Vangeli; il chiaroveggente poteva vedere l'entità che ascoltava, e a volta addirittura lasciava questa persona. La persona stessa non vedeva niente, si rendeva solo conto che il suo stato era cambiato, ma il chiaroveggente vedeva lo spirito che se ne andava.

Anch'io ho fatto molte verifiche in questo campo; per me non ci sono dubbi, credo assolutamente a queste cose, e anche voi dovete crederci altrimenti non migliorerete mai la vostra situazione. Queste creature esistono veramente; alcune sono abbastanza comprensive, evolute, illuminate, ma con altre che sono di un ordine veramente inferiore, non c'è proprio niente da fare: anche se date loro spiegazioni, non capiscono. Con queste bisogna usare dei sistemi completamente diversi; soprattutto non cercate di lottare perchè, ve l'ho già detto, è pericoloso, sarete messi a terra. Dovete supplicare altri spiriti molto luminosi e molto potenti di venire a installarsi in voi e lottare al posto vostro, perchè loro sì che sono capaci di farlo, hanno tutti i mezzi, tutte le armi; ma voi non lottate!

Sì, cari fratelli e sorelle, è una scienza vastissima che non posso esporre in pochi minuti, ma ho detto l'essenziale, e se mi credete comincierete presto un'evoluzione fantastica.

VIII

IL SUICIDIO

Riempite un bicchiere a metà e lo presentate a due persone: una vi dice che è mezzo pieno, l'altra che è mezzo vuoto. Per la maggioranza è la stessa cosa, ma per la Scienza iniziatica questo rivela due mentalità, due processi psicologici diversi. Se vi soffermate sulla pienezza vi sentite riempiti, se vi soffermate sul vuoto, vi vuotate. È una legge magica: quando un malato non fa che pensare alla propria malattia il suo stato peggiora, perchè ogni pensiero negativo lavora per la disgregazione. Che pensi alla salute, questo pensiero lo guarirà.

Forse vi mancano molte cose, ma se volete che ve ne manchino ancora di più soffermatevi su questa mancanza!... Pensate piuttosto che siete figli di Dio, che siete gli eredi di un'immensa ricchezza, e vedrete tutti i miglioramenti che ne deriveranno. D'altra parte quello che manca agli uomini non è tanto il denaro, le case, le macchine... ma piuttosto una filosofia luminosa e divina, capace di farli uscire da tutte le loro debolezze e difficoltà.

Eh sì, è semplice, è terribilmente semplice. Qualunque cosa venga loro presentata, certi sono abituati a vedere sempre il lato buono delle cose e delle situazioni, mentre altri non ne vedono che gli inconvenienti. Certo, gli uni e gli altri hanno ragione, ma questa «ragione» agisce interiormente in due modi diversi. Dal punto di vista della verità, si può dire che un bicchiere è mezzo pieno o che è mezzo vuoto, questo non ha alcuna importanza; ma l'azione magica è diversa, ed è proprio questo l'essenziale. Se vi abituate a vedere le mancanze, le lacune, le imperfezioni, sarete sempre più tristi, scoraggiati, inaspriti: è quello che succede quando ci si sofferma sulle mancanze. Che queste mancanze esistano è evidente, a chi lo dite! Ma il problema non è questo; il problema è saper lavorare con quello che si possiede, per migliorarsi.

Per dimostrare a qualcuno quanto si sbaglia e si fa del male dicendo sempre che gli manca questo, che gli manca quello, e soprattutto il denaro – è della mancanza di denaro che ci si lamenta di più – gli dirò: «Ecco qua, io le dò quattro miliardi, ma non dò niente per niente: io le dò questi quattro miliardi ma mi dia i suoi occhi.» Oh, rifiuta e si mette a urlare! «Ed ecco ancora quattro miliardi per le sue orecchie... quattro miliardi per il suo naso... quattro miliardi per le sue braccia... e ancora quattro miliardi per le sue gambe.» Oh là là! La cifra cresce, si arriva a decine di miliardi; ebbene anche davanti a questa somma rifiuterà. Allora perchè gli uomini si sentono poveri? Sono ricchi, solo che non l'hanno visto; non l'hanno visto perchè sono degli idioti, e gli idioti devono sempre soffrire, la loro testa deve maturare. Non lo dico io, ma la natura.

La natura è implacabile: potete gridare, piangere, minacciare, ma lei non cambia, tocca a voi inchinarvi, obbedire, mettervi in accordo con lei. Certo, è implacabile, irriducibile. Direte che è crudele... no, non pensa che a rendere gli uomini intelligenti, belli, e soprattutto felici; ma quando vede che hanno le teste dure... cosa volete, queste teste devono maturare, e perciò utilizza dei metodi che solo lei conosce. Quando si accanisce su qualcuno non gli dà nemmeno spiegazioni, dice semplicemente: «Io desidero il suo bene, e siccome non ci sono altri mezzi per renderlo saggio, sono costretta ad utilizzare questi.» Non possiamo rimproverarla.

Dovete accettare questa filosofia che vi dimostra che siete dei figli di Dio, gli eredi di un tesoro che aspetta solo il momento in cui sarete capaci di andare ad attingervi. È una filosofia che manca agli uomini, nient'altro; hanno tutto in loro, e non fanno che lamentarsi. Bisbetici, ecco, sempre bisbetici, perchè è una filosofia divina che manca loro; per questo quando vedo qualcuno che è lì, tutto raggrinzito su sè stesso, sui suoi problemi personali, ho voglia di dirgli: «Ma povero disgraziato, come puoi vedere qualcosa? Non esci, sei chiuso nel tuo guscio. Passeggia un po' per vedere la tua eredità: tutte quelle foreste, quelle montagne, quei laghi, quei fiumi, quelle stelle... capirai che possiedi un'immensità, nulla ti manca.»

Gli uomini sono simili a colui che, immerso in un lago, grida: «Acqua, acqua! Ho sete!» Sono immersi nell'oceano della luce cosmica, ma hanno dei tali gusci che questa luce non può penetrare in loro. Questo è lo stato attuale di molte persone nel mondo: sono infelici, si lamentano, vogliono addiritura suicidarsi. Non possono capire che sono loro stessi gli unici responsabili del loro stato. L'Intelligenza cosmica non aveva nessuna voglia di ridurli a questo estremo, sono loro che sono arrivati a questo punto mostrandosi così ottusi, e si sopprimono perchè la vita non ha alcun senso, per così dire! In realtà nella vita ci sono ancora tante possibilità insospettate... È la più grande stupidaggine restar lì, infelici, nel vuoto, perchè si è incapaci di vederle.

Torniamo ora all'immagine del bicchiere mezzo pieno e del bicchiere mezzo vuoto. Certamente dal punto di vista della semplice constatazione, che si dica in un modo o nell'altro, è la stessa cosa; ma constatare le cose non è ancora la vera scienza. La vera scienza è vedere nella vostra vita le conseguenze di questa o quella constatazione. Dicendo che un bicchiere è mezzo pieno, fermate il vostro pensiero sulla pienezza e così vi abituate a vedere il lato positivo delle cose. Ed anche quando capita un avvenimento spiacevole, invece di piangere per ore intere per «innaffiare il vostro giardino» vi dite: «Oh, qui c'è qualche possibilità; il Cielo ha buone intenzioni nei miei confronti, vuole che sviluppi delle qualità che ancora non possiedo. Quali?» Cercate... e quando le trovate ringraziate il Cielo di avervi mandato questa prova. È una filosofia molto difficile da accettare, ma è la migliore. Dal momento in cui cominciate ad accettarla veramente, poi più niente vi potrà intralciare: qualunque cosa vi succeda avanzerete, perchè ragionate bene.

Supponete adesso che gli uomini si comportino molto male verso di voi: tutta la vita, qualunque cosa facciate, malgrado la vostra gentilezza, dolcezza, bontà, le ingiustizie vi piovono addosso. Allora alla fine la trovate una crudeltà così grande che vi ribellate contro il Signore e volete addirittura sopprimervi. Aspettate, c'è ancora un punto che non avete ben capito: perchè il Cielo continua a mandarvi quelle prove, sempre le stesse?... Supponete che, in un'altra incarnazione, siate stati crudeli verso certe creature; per mostrarvi quanto avete fatto loro del male, sono esse a loro volta che vi fanno soffrire, ma non capite che siete voi i colpevoli. Se non fosse così tutti dovrebbero amarvi, aiutarvi, rispettarvi: è una legge. Dunque, benchè le «ingiustizie» che subite siano talmente stridenti, dovete togliervi dalla testa l'idea che siano delle ingiustizie; perchè in realtà quelle ingiustizie, visibili e reali, sono l'espressione di una giustizia invisibile. Per un motivo o per un altro meritate quello che vi capita: o pagate un debito, o dovete imparare una verità che non conoscete, oppure dovete rafforzarvi e diventare un genio, un gigante, un colosso.

Quello che impedisce all'uomo di evolvere, è il fatto di pensare che le difficoltà o le disgrazie che gli capitano siano il risultato di un'ingiustizia. Egli dice: «Il destino è ingiusto ed anche il Signore è ingiusto, meriterei di più.» E come può sapere se meriterebbe di più? Non conosce sè stesso, non conosce nè il suo passato, nè il suo presente e ancor meno il suo avvenire, allora come può giudicare? Anche quando in un processo i giudici condannano un innocente – e quante volte nella storia si sono visti degli errori giudiziari! – dietro quella ingiustizia in realtà c'è una giustizia. Questo può succedere anche a dei Santi, a degli Iniziati, a dei grandi Maestri: molti furono impiccati, bruciati, crocefissi. Apparentemente era ingiusto ma in realtà no, perchè i Ventiquattro Saggi, o Signori del karma, sono assolutamente giusti; queste prove quindi erano state loro mandate affinchè essi pagassero un debito, o per aiutarli a capire certe verità che altrimenti non avrebbero capito, oppure per incitarli a diventare più forti, potenti, invincibili.

Certi pensano di sfuggire alle difficoltà sopprimendosi. In realtà è ancora peggio dopo una volta che sono arrivati dall'altra parte, perchè non si ha il diritto di andarsene prima del termine, altrimenti è una diserzione e si deve pagare due volte, tre volte più caro. Non c'è posto lassù per colui che ha voluto disertare la terra, e non può essere ricevuto: tanto gli restava da vivere sulla terra, altrettanto deve soffrire.

L'atteggiamento di chi si sopprime è estremamente riprovevole. Egli innanzitutto è ignorante, perchè non conosce il motivo delle prove che deve subire. Poi è orgoglioso, perchè ritiene di sapere meglio dei Ventiquattro Saggi quello che ha meritato. Infine è debole perchè non sopporta le difficoltà. Ecco dunque: l'ignoranza, l'orgoglio e la debolezza. E il mondo invisibile è scontento di questo essere perchè ha abbandonato il suo posto.

Direte: «Ma certi si sono suicidati perchè avevano un ideale straordinario e non sono arrivati a raggiungerlo; vedendo che non ci riuscivano, erano talmente delusi di sè stessi che si sono soppressi.» Ebbene, nemmeno questo è permesso. Quando si ha un grande ideale, l'essenziale è proprio lavorare per realizzarlo senza fissarsi una data per la sua realizzazione. Se non si riesce, è che non si possedevano ancora gli elementi del successo. È orgoglioso non volerlo ammettere e sopprimersi. Bisognava perseverare!

La maggior parte degli uomini pensa di essere venuta sulla terra per vivere felicemente e realizzare le proprie ambizioni. No, gli uomini sono venuti sulla terra per pagare i propri debiti, istruirsi e rafforzarsi; perciò il Cielo non può stimare chi prende la decisione di sopprimersi, perchè allora si pone al di sopra dei Signori di tutti i destini, e le sofferenze che in seguito deve subire sono indescrivibili. Ecco, vi presento ancora una delle grandi verità della Scienza iniziatica.

Evidentemente si possono dare al suicidio spiegazioni d'ogni genere, ma di qualsiasi genere siano le ragioni per le quali un uomo o una donna si suicida, si può dire che la vera ragione è questa: si tratta di una creatura che non sa che il Creatore ha posto in lei delle possibilità inaudite per poter trionfare in qualsiasi condizione di vita, cioè possibilità di comunicare con gli esseri del mondo invisibile, di creare con il pensiero, e di lanciare queste creazioni attraverso lo spazio... Non sa che anche nella più grande solitudine e nella più grande miseria possiamo non sentirci soli e poveri ma visitati, attorniati e ricchi di ogni tesoro: qualunque cosa accada abbiamo dentro un mondo talmente vasto, talmente bello che siamo felici!

Esistono degli esseri che nessun avvenimento, nessuna situazione fa vacillare, perchè hanno un sistema filosofico al quale si aggrappano. Perchè sta scritto nei Vangeli che bisogna costruire la propria casa sulla roccia? La roccia è lo spirito, e lo spirito rimane incrollabile in ogni condizione. Il cuore, l'intelletto o il corpo fisico sono vulnerabili, ma non lo spirito.

Gli uomini sono istruiti molto male, non sanno cosa Dio ha deposto in loro e alla minima delusione pensano che l'unica soluzione per loro sia il suicidio. Allora questo cosa vuol dire? Che sono dei geni, degli esseri così eccezionali da non poter sopportare il male nel mondo?... No, sono dei poveri miserabili privi di tutto, d'intelligenza, d'amore, di forza: solo la loro debolezza li spinge a finire così. Che ci siano stati nella storia uomini e donne eroici che si sono dati la morte per salvare un esercito, una città, un popolo, questo lo capisco, è un altro problema; ma non parlo di loro, parlo di tutta quella gente che si prepara a finire in modo pietoso perchè si sente sola o incompresa, soprattutto fra la gioventù.

I giovani devono rendersi conto della ricchezza della quale dispongono. Hanno un'immaginazione, vero, allora perchè non se ne servono? Oh, certo che se ne servono: quando si tratta di pensare all'innamorato e all'innamorata e immaginare come l'accarezzano, come l'abbracciano, l'immaginazione dei ragazzi e delle ragazze non resta inoperosa. Ma perchè utilizzano solo in elucubrazioni sessuali questa preziosa facoltà che il Creatore ha donato loro? Perchè non imparano ad utilizzare la loro immaginazione per pensare a tutte le ragioni che possono avere di sentirsi felici e ricchi, grazie a tutto ciò che esiste nel Cielo e sulla terra, e soprattutto in loro stessi?

I casi di suicidio sono innumerevoli nella storia, ma possono essere riportati a tre categorie: sono causati o da una mancanza d'intelligenza, o da una mancanza di cuore o da una mancanza di volontà. Se avete una buona comprensione delle cose, se sapete che esiste un mondo divino popolato da una moltitudine di esseri splendidi e che questo mondo divino ha impresso il suo marchio al mondo fisico, se sapete che i sentimenti e i desideri sono di una tale potenza che perseverando si arriva sempre a realizzarli... insomma, se arrivate a padroneggiarvi, a non cercare più di soddisfare unicamente le vostre bramosie, ma a considerare tutte le difficoltà come un mezzo per esercitare la vostra volontà, ebbene, credetemi, non vi suiciderete mai. Nemmeno la miseria, nemmeno le privazioni, nemmeno la malattia e la solitudine arriveranno a vincervi : sarete voi che trionferete.

I giovani devono almeno convincersi di una cosa : che il mondo è vasto e che non sono soli. Quello che spinge maggiormente la gente al suicidio, è la mancanza d'amore ; quando si è perduto l'amore si vuol morire, la vita non ha più senso perchè la vita è legata all'amore. È talmente vero che se siete tra le braccia di colui o colei che amate, volete vivere eternamente ! Sì, conservate preziosamente l'amore e vorrete sempre vivere grazie all'amore. Se sopprimete l'amore, morirete. Molti infatti hanno soppresso l'amore e si domandano perchè non hanno più gusto per alcuna cosa : ebbene, proprio perchè l'amore non è presente.

Quando vedo una giovane ragazza vispa, euforica, so che è appena stata dall'innamorato, perchè l'amore è questo, è l'allegria. E se poi la vedo depressa, so che ha perduto il suo innamorato: non è difficile da decifrare. Ecco perchè insisto sempre sull'amore; ma non l'amore che è di moda oggi e che in realtà è solo libertinaggio, perchè anche quest'amore, come la mancanza d'amore, finisce per togliere agli esseri ogni ragione di vivere.

Sì, è dell'amore che bisogna parlare continuamente, tutta la vita, perchè gli uomini sono ancora così lontani dal conoscere il vero amore, quello che è capace di spostare le montagne, di creare dei mondi! Io però ho trovato il segreto: amo... la Fraternità e finchè amo la Fraternità tutti i problemi sono risolti; penso solo a lei, non c'è altro nella mia testa, dà un senso alla mia vita. Fate anche voi la stessa cosa, e non avrete mai il desiderio di suicidarvi.

IX

VINCERE IL MALE
CON L'AMORE E LA LUCE

Gli uomini sono abituati a vendicarsi del male che è stato loro fatto. Hanno ricevuto uno schiaffo? Trovano normale restituirne uno o anche due! Un calcio?... due calci. Questo istinto di vendetta deriva dai tempi lontani in cui erano ancora animali. E d'altra parte ancor oggi non c'è una gran differenza: esteriormente sono un po' diventati un brav'uomo o una brava donna, ma dentro !... Cercano di vincere i nemici utilizzando contro di loro i mezzi che loro stessi hanno utilizzato. Ma se si vuole studiare il problema dal punto di vista della Scienza iniziatica, domandare la sua opinione sull'argomento, essa darà una risposta che non rassomiglia affatto a quello che gli uomini pensano e praticano.

Non potete vincere i cattivi con la cattiveria, i calunniatori con la calunnia, i gelosi con la gelosia o i collerici con la collera, perchè significa identificarsi con loro e mettersi al loro livello. Sì, perchè proiettate onde della stessa natura e quindi siete vulnerabili: essi possono raggiungervi attraverso lo spazio e farvi del male. Per potervi proteggere, essere invulnerabili, non dovete restare allo stesso livello del vostro nemico, perchè allora vi raggiungerà; dovete invece salire, salire come gli uccelli che fuggono sempre verso l'alto, o come gli aerei, gli elicotteri... Quando dico «salire» non intendo certo salire fisicamente su di un albero, una scala o un tetto; salire significa raggiungere delle regioni più nobili, più pure, più luminose: le regioni divine. Una volta saliti mediante la volontà, la meditazione, la preghiera, il vostro nemico non può più raggiungervi perchè le vostre vibrazioni sono diverse dalle sue, e siete al riparo. Avete addirittura dimenticato la sua esistenza!

In ogni modo, è molto negativo trasportare continuamente l'immagine di un nemico nella vostra testa, perchè portandola così la rinforzate, la nutrite, e un giorno quell'immagine diventa così potente da devastare tutto in voi. Oltretutto vi compromettete di fronte agli altri: parlando sempre del vostro nemico, dimostrate loro di essere deboli e pieni di rancore. Dal punto di vista iniziatico, dal punto di vista della saggezza, è un pessimo atteggiamento e bisogna istruire gli uomini a tal proposito. Non ho mai detto che non si deve cercare di vincere i nemici, ma esistono altri mezzi che bisogna trovare.

Quando la gente vi calunnia, vi perseguita, salite con il pensiero nelle regioni celesti, dove regna la luce; a quel punto, una volta ben protetti, ben barricati con la luce, l'amore, la potenza celeste, non solo i cattivi pensieri non possono raggiungervi ma ricadono sui vostri avversari. Ecco come gli Iniziati, i Saggi, i grandi Maestri riescono a vincere i loro nemici: con la loro vita pura, nobile, onesta, radiosa... Perchè esiste uno choc di ritorno, ma questo choc di ritorno non può avvenire se siete esattamente come i vostri nemici, cioè deboli, cattivi, impuri, astiosi; a quel punto ricevete tutte le cose cattive che vi mandano. Se invece conducete una vita pura, questa vita non solo è una protezione per voi, ma rigetta ciò che è negativo su coloro che l'hanno mandato.

Se i maghi neri e gli stregoni riescono, è perchè gli uomini sono così deboli e ignoranti che le cattive influenze agiscono su di loro. Certo, finchè non si è capaci di difendersi con la luce si rischia di essere colpiti; ma se questi maghi attaccano degli Iniziati, degli esseri che vivòno una vita celeste, i fulmini ricadono sulla loro testa, e spesso spariscono. Dunque, se volete essere protetti, difesi, al sicuro qualunque cosa si dica o si faccia contro di voi, dovete cambiare vita, mettervi su un altro diapason, salire in un'altra regione dove sarete protetti.

Anzi, se volete che il vostro trionfo sia ancora più rapido e più grande, aumentate in voi l'amore e la generosità. Certi esseri sono arrivati a porsi al di sopra di tutti i rancori: che li si calunni, che li si detesti, che si lavori contro di loro, sono indifferenti a tutto questo perchè credono alla potenza della luce. Ogni giorno, nel loro lavoro spirituale, inviano raggi luminosi a tutte le creature ed anche i loro nemici cominciano a sentirne talmente la superiorità, che sono costretti a venire ad inchinarsi davanti loro. Dunque, invece di sterminarli, questi esseri meravigliosi riescono a vincere i nemici con la grandezza, la nobiltà, la potenza della luce, e così guadagnano degli amici. Questo è importante, perchè non bisogna mai dimenticare che se riuscite a vincere i nemici nel modo ordinario, con la forza, l'astuzia o la potenza del denaro, non vuol dire che siete riusciti a vincerli definitivamente. In quel modo non sono mai vinti, perchè conservano sempre un'animosità contro di voi; non possono perdonarvi di aver vinto, e un giorno avrete di nuovo a che fare con loro – se non è in questa incarnazione, sarà nella prossima – perchè la lotta non è mai finita.

Immaginate di aver sterminato il vostro nemico, ma è solo il corpo fisico che avete fatto sparire. In realtà non si può mai annientare un essere, perchè ha un'anima immortale e dall'altra parte continua a detestarvi e a combattervi; la guerra dunque continua, non è mai finita. Questo punto di vista che è stato trasmesso agli uomini di generazione in generazione, è un punto di vista preistorico che non può risolvere i problemi. Ci sbagliamo, tutti si sbagliano, dei paesi interi si sbagliano all'idea che vinceranno questo o quel paese con le armi, lo spionaggio, la guerra economica... Un paese può sempre riuscire a vincerne un altro per un certo tempo, ma poi l'altro prenderà la rivincita. Studiate la storia: guardate cos'è successo tra la Francia e la Germania, tra la Bulgaria e la Grecia, tra gli Armeni e i Turchi... Allora come sistemare le cose? Come la Francia e la Germania: si sono tese la mano e adesso la loro inimicizia e finita; altrimenti ci si sarebbe dovuti aspettare di nuovo che i Tedeschi volessero vendicarsi, e così via. È necessario che uno dei due tenda la mano...

È l'istinto che spinge alla vendetta, non è la saggezza: siete colpiti e colpite senza riflettere. Vi ho raccontato la storia dei tre yoghi che si erano ritirati nella foresta? Pregavano, meditavano, volevano diventare perfetti... Qualcuno passa e dà uno schiaffo al primo, e questo che fa? Salta in piedi e rende due schiaffi. Con questo qui, c'è veramente di che sperare nella perfezione! Anche il secondo riceve uno schiaffo: si alza per rispondere per le rime, ma riflette due secondi e si risiede. Lui almeno, ha imparato a padroneggiarsi. Quanto al terzo... non si è nemmeno accorto di aver ricevuto uno schiaffo, e continua a meditare! Vedete dunque, ci sono dei gradi. Il primo yoghi appartiene alla categorie degli uomini ordinari, che replicano sempre secondo la giustizia... o addirittura l'ingiustizia! Il secondo appartiene alla categoria di coloro che si padroneggiano perchè riflettono; si è detto: «Non vale la pena replicare, complicherei di più le cose...» Quanto al terzo, è già talmente evoluto che non sente nemmeno i colpi del nemico.

E adesso andrò ancora oltre per dirvi che i nemici sono una benedizione. Penserete: «Ma come, ha perso la testa! I nostri nemici una benedizione?» Questa reazione prova che non capite granchè. Certo, una benedizione, perchè sono i nemici che possono aiutarci a diventare forti, potenti, luminosi... Siccome non siete illuminati, non lo vedete e capitolate. Se invece foste intelligenti, capireste che essi vi offrono l'occasione di diventare una divintà, perchè questi nemici sono degli amici nascosti: sono loro che vi obbligheranno ad esercitarvi, a evolvere.

Dovete sapere che i due principi della luce e delle tenebre si manifestano continuamente nel mondo, e lottano eternamente tra di loro. Dunque, se appartenete alle tenebre è la luce che vi attaccherà, e se appartenete alla luce sarete attaccati dalle tenebre: bisogna aspettarselo. Sì, ma non è una buona ragione per fermarsi e non fare più niente di buono; malgrado l'incomprensione e l'ostilità bisogna continuare, bisogna anche lottare, ma lottare solo con i metodi della luce. Perchè, lo ripeto, se rispondete con lo stesso odio, la stessa crudeltà, significa che accettate di scendere in un'altra regione dove le forze ostili si sbranano e si mangiano tra di loro, ed evidentemente là vi indebolite, vi offuscate. Per vincere un nemico perdete la forza, la bellezza, la luce, e dunque in realtà è lui che vi ha vinto; e perdete anche i vostri amici perchè trovano che non siete così piacevole e affascinante come prima, e s'allontanano da voi. Ecco dove porta questo atteggiamento!

Ma andate a spiegarlo agli uomini!... Sono così ignoranti che preferiscono annientarsi utilizzando i vecchi sistemi. Io vi presento un metodo talmente vantaggioso, che se mi capite sarete sempre il vincitore, il trionfatore, perchè manipolate delle forze e delle energie superiori ancora sconosciute. I nemici sono una tentazione presentata dal mondo invisibile, perchè si ha voglia di rispondere con le stesse armi per dimostrare che si è più forti di loro. È dunque una tentazione ma proprio per questo è anche una benedizione, poichè con la loro presenza vi obbligano a esercitarvi; invece di restare a dormire pigramente sugli allori, vi forzano a superarvi.

Senza dubbio per arrivare a questo grado di coscienza ci vuole molto amore, molta bontà, ed è perchè non sono ancora riusciti a sviluppare queste virtù che gli uomini si vendicano continuamente, trovando che è giusto, che sono nel vero. Guardate cosa si vede ovunque nel mondo: occhio per occhio, dente per dente. Se credete che oggi siano i precetti di Gesù che trionfano! Eh no, siamo sempre all'epoca di Mosè, ovunque vige la legge del taglione... Evidentemente siamo liberi di fare quello che vogliamo, di vincere i nemici come crediamo; ma prima o poi scopriamo che non siamo riusciti a vincerli. Anche se li uccidete non sarà finita, avrete nuovamente a che fare con loro perchè è la legge, il karma. Uccidete il vostro nemico, più tardi sarà lui ad uccidervi, e la storia continuerà fino a quando uno dei due sarà capace di dimostrarsi più grande, più generoso, e di perdonare. A quel momento è finita, la catena è rotta. Ma se un giorno rivelerò queste verità davanti a tutto il mondo, credete che saranno accettate? Si dirà: «Oh! poverino, cosa va raccontando!» Le persone sono troppo prese dalle passioni, dai loro istinti che chiamano sicurezza, patriottismo...

Non ragionano, sanno solo esprimere la loro natura istintiva, e non è una soluzione.

Evidentemente è più difficile esercitarsi a lavorare su sè stessi che vendicarsi; ci vogliono degli sforzi, ci vuole del tempo, mentre prendere un fucile e assassinare qualcuno è presto fatto. Eh sì, gli uomini scelgono sempre la facilità e la rapidità, mentre gli Iniziati scelgono ciò che è difficile e di lunga lena: questa è la differenza.

Viene ora il momento di dare a tutta l'umanità delle concezioni nuove affinchè possa uscire da quest'inferno nel quale si è infossata. Certo, se preferite restare all'inferno siete liberi, ma quelli che vogliono uscirne devono imparare dei sistemi nuovi. Credetemi, non riuscirete mai a vincere un nemico con le umiliazioni, i colpi, la violenza: resterà sempre in lui qualcosa di non sottomesso, pronto a mordere, che aspetterà il momento di vendicarsi. Per mezzo dell'amore e della luce invece lo vincerete definitivamente, anche lui vi amerà e sarà anche pronto a seguirvi per servirvi. Questo richiede molto lavoro, molti sforzi, ma bisogna amare gli sforzi e non cercare mai le cose facili, perchè ciò che è facile non apporta niente e alla fine diventa il più difficile.

X

RAFFORZARSI SPIRITUALMENTE PER TRIONFARE SULLE PROVE

Qualunque siano le difficoltà che si presentano, non mostrate mai la vostra tristezza e il vostro scoraggiamento, cercate invece di accendere in voi tutte le lampade. Sì, più va male più dovete accendere le lampade interiori, perchè sapete cosa succederà allora? Tutti verranno da ogni parte a domandarvi: «Le manca qualcosa? Di cosa ha bisogno?» E ne avrete abbastanza di tutti i servizi che vorranno rendervi... semplicemente grazie alla vostra luce.

Credete che le vostre disgrazie possano toccare il cuore degli altri; allora le raccontate esagerandole, aggiungete disturbi e malattie con la speranza che alla fine saranno commossi, toccati e che decideranno di aiutarvi. Loro però non cercano che una cosa: come sbarazzarsi di voi al più presto. Sì, purtroppo è così; in queste condizioni raramente le persone vengono ad aiutarvi, perchè non sono le disgrazie che le attirano ma solo la bellezza, la luce, l'amore. Dunque, più va male e più dovete mostrarvi radiosi e pieni di gioia.

Se foste un po' più psicologi, vi rendereste conto che sciorinando le vostre miserie, tristezze e malattie davanti agli altri per farvi compatire, non ottenete il risultato sperato. Non dovete immaginarvi che gli uomini siano compassionevoli, generosi, sempre pronti ad ascoltare le lamentele degli infelici e ad aiutarli... Niente affatto! Cercano solo ciò che è piacevole, fine, delicato, ricreativo, simpatico, e se non siete nulla di tutto questo vi mollano. Per la forma vengono a presentarvi i loro incoraggiamenti, auguri o condoglianze, ma nel loro intimo cercano solo un pretesto per tagliare la corda al più presto. Sì purtroppo, o per fortuna, la natura umana è fatta così. Se volete respingere tutti, parlate ogni giorno delle vostre disgrazie, delle vostre malattie, delle vostre pene: vedrete se verranno ad ascoltarvi per molto.

Ho incontrato persone che provavano uno straordinario piacere a raccontare solo i particolari più negativi, meno attraenti della loro esistenza, e poi si stupivano che tutti li evitassero o li abbandonassero. Che atteggiamento stupido! È preferibile nascondere tutti i dettagli di quel genere; dal momento che gli altri sono incapaci di aiutarvi a trovare delle soluzioni ai vostri problemi, perchè andare ad esporli? Essi non possono farci niente. Allora non solo perdete il tempo a raccontare inutilmente i vostri affari, ma calate nella stima della gente , che non vi apprezza più. Gli altri si rendono conto che non siete nè intelligenti nè forti, e vi lasciano cadere.

Se non volete perdere gli amici nascondete loro le vostre difficoltà, non dite niente, non lamentatevi; al contrario accendete le lampade, cioè legatevi a tutte le potenze celesti, a tutte le entità luminose che sono là, pronte ad aiutarvi. A questo punto diventate molto più forti, più potenti, più luminosi, e questa forza e questa luce che emanano da voi attirano gli esseri, perchè sentono che siete diversi dagli altri: sopportate ogni difficoltà, resistete a tutte le prove senza lamentarvi; allora vi ammirano, vengono da voi per prendere modello e anche per attingere delle forze. Se vi mostrate sempre abbattuti, schiacciati, deboli, miseri, non solo non guadagnerete la simpatia degli uomini, ma nemmeno li aiuterete.

Dunque, qualsiasi siano le vostre difficoltà, trovate delle parole che possano aiutare gli altri. Con questo sforzo di disinteresse e generosità, vedrete, arriverete a risolvere molto in fretta i vostri problemi invece di aspettare che gli ignoranti, i deboli o i poveri vengano a salvarvi; inoltre le entità celesti, meravigliate dal gigantesco lavoro che avrete intrapreso su voi stessi, vi porteranno il loro aiuto.

In ogni caso quando siete depressi, infelici, non dovete restare senza reagire, dovete uscire da quello stato, senza fare però come la maggior parte della gente che inghiotte ogni genere di droghe calmanti o eccitanti, che è il sistema migliore per indebolirsi. Il Creatore ha posto nell'uomo immense riserve di materiali e di energie che sono nascoste, sepolte, aspettando il momento in cui egli riuscirà a scoprirle e utilizzarle. Se cerchiamo sempre aiuti e rimedi esterni, queste forze resteranno addormentate. Purtroppo questa passività è attualmente molto diffusa, perchè la scienza lavora per attirare l'attenzione degli uomini su tutti i mezzi esteriori, senza rendersi conto che l'uso di questi mezzi non fa che indebolirli invece di guarirli. Ed è vero, gli uomini diventano sempre più fragili, vulnerabili, le minime contrarietà li mettono a terra!

Altri credono di risolvere i loro problemi facendo sport, ginnastica. Lo sport è un'ottima cosa, non sono contrario, ma le gambe e le braccia da sole non sono capaci di rimediare ai disordini interiori. Non è correndo che si risveglia la potenza dello spirito! Bisogna far luce su questi argomenti e sapere che i mezzi fisici, quali che siano, sono insufficienti per risolvere i problemi psichici.

Dunque, invece di lasciarvi sommergere dalle difficoltà e andare a cercare soluzioni all'esterno, pensate alle lampade: accendete tutte le vostre lampade! «Ma – direte – quali sono queste lampade? Dove sono?» Sono lampade interiori che Dio ha preparato in noi dall'origine dei tempi; lampade d'ogni genere, grandi, piccole, di tutti i colori... C'è anche una corrente elettrica che circola per illuminarle e che viene da molto lontano, dalla centrale elettrica cosmica; ma non si pensa mai ad accendere queste lampade. «E come si accendono?» È semplicissimo; nel mondo fisico avete un bottone o un interruttore che basta girare o premere, ma nel mondo psichico il solo pensiero è sufficiente ad accenderle. Pensate di accenderle, e immediatamente si accendono. Quando alcune saranno accese non fermatevi, continuate, altre ancora s'illumineranno e alla fine sarà un'illuminazione fantastica.

Evidentemente so quanta fatica si fa a non andare a raccontare quello che non va: i propri dispiaceri, le delusioni, le amarezze... e soprattutto i rancori! Quando qualcuno ha parlato male di voi, vi ha offesi, oltraggiati, allora è impossibile trattenersi, bisogna assolutamente andare a lamentarsi da qualche parte. Ecco però che la persona alla quale raccontate le vostre disgrazie, si sente a sua volta caricata di un grande peso e per sbarazzarsene, poverina, va a confidarlo a un'amica; dopo averlo fatto è contenta, si sente sollevata. Eh sì, ma quest'amica fa altrettanto, e di amica in amica la storia fa il giro e un giorno il male finisce per ricadere su di voi, sotto una forma o l'altra.

Bisogna sempre fare attenzione prima di volersi sbarazzare di un peso mettendolo sulle spalle di qualcun altro. Supponete d'altra parte che le vostre parole arrivino all'orecchio della persona della quale vi lamentate: rischiate di far aumentare in lei il desiderio di nuocervi. Allora è meglio per voi smettere, padroneggiarvi e sopportare tutto, e nello stesso tempo accendere le vostre lampade, cioè diventare abbastanza forti e potenti per trasformare, sublimare la collera o il dolore.

La vita è molto ricca di tutto ciò che è necessario per istruire gli uomini. I saggi riflettono su tutto, s'informano di tutto e utilizzano tutto per il bene; gli altri invece, che non hanno la luce, non sanno approfittare di niente e se capitano loro delle buone cose non solo non sanno vederle nè utilizzarle, ma fanno anche in modo che diventino per loro una disgrazia. Se siete coscienti, vigili, tutti i momenti difficili possono contribuire alla vostra evoluzione, perchè saprete utilizzarli. Vi direte: «Oh! Ancora una magnifica occasione per diventare più forte, più saggio, più spirituale,» e più avrete occasioni di questo genere, più vi rafforzerete. Se non avete queste occasioni non vi svilupperete mai.

È molto difficile senza dubbio: per riuscire bisogna essere molto esercitati. Prima di allora, per quanti fallimenti passerete! Cadrete, vi rialzerete, ricadrete, vi rialzerete ancora... fino al giorno in cui riuscirete a controllarvi e a diventare veramente straordinario. Questo è il cammino: è difficile, ma è il cammino dell'onnipotenza.

INDICE

Collezione Izvor

Edizione originale in francese

201 – Vers une civilisation solaire
202 – L'homme à la conquête de sa destinée
203 – Une éducation qui commence avant la naissance
204 – Le yoga de la nutrition
205 – La force sexuelle ou le Dragon ailé
206 – Une philosophie de l'Universel
207 – Qu'est-ce qu'un Maître spirituel ?
208 – L'égrégore de la Colombe ou le règne de la paix
209 – Noël et Pâques dans la tradition initiatique
210 – L'arbre de la connaissance du bien et du mal
211 – La liberté, victoire de l'esprit
212 – La lumière, esprit vivant
213 – Nature humaine et nature divine
214 – La galvanoplastie spirituelle et l'avenir de l'humanité
215 – Le véritable enseignement du Christ
216 – Les secrets du livre de la nature
217 – Nouvelle lumière sur les Evangiles
218 – Le langage des figures géométriques
219 – Centres et corps subtils
220 – Le zodiaque, clé de l'homme et de l'univers
221 – Le travail alchimique ou la quête de la perfection
222 – La vie psychique : éléments et structures
223 – Création artistique et création spirituelle
224 – Puissances de la pensée
225 – Harmonie et santé
226 – Le Livre de la Magie divine
227 – Règles d'or pour la vie quotidienne
228 – Regards sur l'invisible
229 – La voie du silence
230 – Approche de la Cité céleste
231 – Les semences du bonheur

DELLO STESSO AUTORE
Tradotti dal francese

Collana « Opera Omnia »

Editore-Distributore

Editions PROSVETA S.A. – B.P. 12 – 83601 Fréjus Cedex (Francia)

Distributore

AUSTRIA
MANDALA
Verlagsauslieferung für Esoterik
A-6094 Axams, Innsbruckstraße 7

BELGIO
PROSVETA BENELUX
Van Putlei 105 B-2548 Lint

N.V. MAKLU Somersstraat 13-15
B-2000 Antwerpen

VANDER S.A.
Av. des Volontaires 321
B-1150 Bruxelles

BRASILE
NOBEL SA
Rua da Balsa, 559
CEP 02910 - São Paulo, SP

CANADA
PROSVETA Inc.
1565 Montée Masson
Duvernay est, Laval, Que. H7E 4P2

CIPRO
THE SOLAR CIVILISATION BOOKSHOP
PO Box 4947
Nicosie

GERMANIA
EDIS GmbH
Daimlerstr.5
D-8029 Sauerlach

GRAN BRETAGNA
PROSVETA Ltd
The Doves Nest
Duddleswell Uckfield,
East Sussex TN 22 3JJ
Trade orders to:
ELEMENT Books Ltd
Unit 25 Longmead Shaftesbury
Dorset SP7 8PL

GRECIA
PROFIM MARKETING Ltd
Ifitou 13
17563 P. Faliro
Atene

HONG KONG
HELIOS – J. Ryan
P.O. BOX 8503
General Post Office, Hong Kong

IRLANDA
PROSVETA IRL.
84 Irishtown – Clonmel

ITALIA
PROSVETA Coop. a r.l.
Cas. post. 13046 – 20130 Milano

LUSSEMBURGO
PROSVETA BENELUX
Van Putlei 105 B-2548 Lint

NORVEGIA
PROSVETA NORDEN
Postboks 5101
1501 Moss

OLANDA
STICHTING
PROSVETA NEDERLAND
Zeestraat 50
2042 LC Zandvoort

PORTOGALLO
PUBLICAÇÕES
EUROPA-AMERICA Ltd
Est Lisboa-Sintra KM 14
2726 Mem Martins Codex

SPAGNA
ASOCIACIÓN PROSVETA
C/ Ausias March n° 23 Ático
SP-08010 Barcelona

STATI-UNITI
PROSVETA U.S.A.
P.O. Box 49614
Los Angeles, California 90049

SVIZZERA
PROSVETA
Société Coopérative
CH - 1808 Les Monts-de-Corsier

VENEZUELA
J.P.Leroy
Apartado 51 745
Sabana Grande
1050 A Caracas

PROSVETA Coop. ar.l. – Casella postale 13046 - 20130 MILANO

RETE DISTRIBUTIVA IN ITALIA :

Piemonte – Val d'Aosta
INGROSS BOOK s.r.l.
Via Rosolino Pilo, 55 – 10122 TORINO – Tel. 011/748409

Lombardia
EREDI VENTURINI
Via Mosé Bianchi, 95 – 20149 MILANO – Tel. 02/4989391

Liguria
SOCIETÀ COMMERCIALE LIBRARIA a r.l.
Piazza Luccoli, 2 – 16123 GENOVA
Tel. 010/295462-299389

Veneto – Friuli – Trentino
A.R.D.E. s.a.s.
Via Magenta, 8/A – 35138 PADOVA – Tel. 049/8710116

Emilia-Romagna
EDIPROMO DI CANTAFIO – Via Selva di Pescarola, 6/6
40141 BOLOGNA Tel. 051/6344412

Marche
RAPPRESENTANZE EDITORIALI FORNASIERO
Via Guido Rossa, 2 – Baraccola ovest, 60020 CANDIA (AN)
Tel. 071/8047227

Toscana
L'EDIPROMO – Sig. Di Zema
Via Di Novoli, 66 – 50127 FIRENZE – Tel. 055/42211860

Umbria
MACRO Coop. s.r.l. – Loc. Preggio,176
06060 UMBERTIDE(PG) – Tel. 075/9304197

Lazio
MESSAGGERIE DEL LIBRO
Via Severo Carmignano, 24 – 00151 ROMA
Tel. 06/5374251

Campania – Basilicata
MACRO CAMPANIA – Sig.a Chierchia
Via C. da Saviano, 11 – 82019 S. AGATA DEI GOTI (BN)

Sicilia – Calabria – Puglia
DITTA JANCO – Residential 13 – Vico Saponara
Vill. Anunziata – 98100 MESSINA – Tel. 090/659444

Chi desidera ricevere ulteriori informazioni
riguardanti l'Insegnamento del Maestro Omraam Mikhaël Aïvanhov
può rivolgersi a:

F.B.U. – C.p. 12019 – 20120 Milano

FINITO DI STAMPARE NELL'OTTOBRE 1990
NELLO STABILIMENTO GRAFICO DEGLI
EDITIONS PROSVETA, Z.I. DU CAPITOU,
B.P. 12 – 83601 FRÉJUS CEDEX,
FRANCIA

– N° d'impression: 1869 –
Dépôt légal: Octobre 1990
Stampato in Francia